韋特塔羅圖像
解讀祕鑰

THE PICTORIAL KEY TO THE TAROT

A. E. Waite　　　　　Pamela Colman Smith

亞瑟・愛德華・韋特———著　潘蜜拉・柯曼・史密斯———繪

林侑青———譯

目　錄

猶抱琵琶半遮面，
塔羅的歷史精神與象徵主義的現身

愛智者

　　韋特的書終於迎來了全新的譯本以及最為詳盡的注釋，這不是一本好讀的書，因此專業的注解尤為重要，而本書審閱者的嚴密把關，說明了它是目前最佳的中文讀本。

　　時間回到一九一〇年，出版商萊德（Rider）公司為了替前一年，也就是一九〇九年所出版的萊德－韋特塔羅牌（Rider-Waite tarot）增加銷量，特別商請作者韋特附上一本說明書。從這本說明書裡可以看見，韋特本人對寫作這本小書頗有顧慮。他一方面強調，塔羅牌的歷史並未早於十四世紀，那些所謂塔羅源於埃及、印度或中國的說法全屬胡扯，因此不得不藉著本書來澄清；另一方面他又向讀者坦承，他在書裡對幾個方面確實有所保留，但這涉及了他的「榮譽問題」，不得不然。

　　韋特的意思是，身為一位神祕學團體的高級成員，他有義務對塔羅牌的奧祕知識保密，因為這不僅是他的入會誓詞，也是為了確保這份知識不會流入「圈外人」的手裡，因為他們沒有研究塔羅牌的資格。

　　因此，這本書時時可以見到韋特內心的拉扯。他批判並嘲諷此前的塔羅著作，不管作者是列維（Eliphas Lévi）還是吉德傑貝林（Antoine Court de Gébelin），同時也對塔羅牌的奧祕被宵小之徒濫用而不齒。然而作為奧祕的保管者，他不能隨意將「真知」大白於世，但也不能對市面上越來越多的錯誤置之不理。因此，「沉默法則的正當性完全不是我目前關心的問題」。

　　兩個地方可以作為他有話不敢說盡，只能藏著掖著的證據。

　　第一，愚人牌的位置。他詭異地將愚人牌放在20與21號中間，然後告訴讀者牌卡的真正順序從未曝光。但我們知道，根據黃金黎明協會對卡巴拉的解讀，0對應著希伯來字母Aleph，它是一個母字母，代表著元素裡頭的風，經常被視為一切聲音的開頭，一道還未形成聲音的氣音。

　　因此愚人牌的理想位置應當是最前面，符合我們一般從0開始的常識。作為該協會的一員與卡巴拉的學者，韋特不會不知道這件事。目前一般的推論是，他為了遵從守密的誓言

而刻意做出了誤導。

第二，8與11的爭議。在傳統的塔羅牌裡，8號是正義牌的位置，黃金黎明協會為了使其與黃道十二宮的順序對應，因此將8號留給了力量，將正義挪到11號去。韋特塔羅牌沿用這個做法。

熟悉托特塔羅的朋友很清楚，克洛利並不欣賞這個做法，因此他與韋特雖系出同門，卻把黃金黎明協會的做法又修正回去。而韋特在解釋這件事時，他的說法是，「基於滿足我個人的理由，這張牌和通常編號為8的正義牌互換了。由於這個變動對讀者沒有任何意義，在此便無須解釋」。

這便是這本小書的創作背景，一個不得不出來端正視聽，卻不願讓奧祕知識洩漏於外的無奈作者。

談到創作背景，也不能不談牌面繪製者潘蜜拉‧柯曼‧史密斯（Pamela Colman Smith）女士。作為一位同宗的藝術家，她接受了韋特的委託，要在短短的六個月內創作出七十八張全新風格的塔羅牌。在這樣的時間要求下，史密斯對牌面設計有著極高的創作自由。因為韋特無暇再對她下指導棋。

現在普遍認為，韋特牌中的小牌基本上出自史密斯女士的個人手筆，也因此，這副牌應該為她冠名，改稱為萊德－韋特－史密斯塔羅牌（Rider-Waite-Smith tarot），簡稱RWS，

藉此表彰史密斯女士的功勞。

眾所周知，韋特對小牌畫面的解釋，有不少明顯的疏漏與錯誤，最著名的是例子是聖杯王牌中的五道泉水，他在書裡寫成了四道。對寶劍6的描述則完全沒有提到乘客的心境，只提到貨物很輕，因此擺渡工作很容易。同樣漏掉畫面重點的牌，還有寶劍王牌和聖杯8，顯然他把小牌的解釋工作看得比較隨意。

韋特自己在這本書中也曾提及，宮廷牌的牌面沒有特殊涵意，除了極少數情況外，小牌上的設計也不存在什麼高深的暗示。他認為塔羅牌的深刻之處盡在大牌，小牌的目的主要是用於占卜。而對他這樣的大學者來說，占卜本來就是小道，不值一提。

但熟悉卡巴拉理論的讀者顯然不會同意他的說法，因為宮廷牌的四個人物分據生命樹上不同位置，理應作為公主，分配於Malkuth這個位置的侍衛牌，也因為由女性被改成了男性，而使得原先由公主與王子（也就是侍衛與騎士牌）的婚姻所象徵的陰陽結合變得不再可行。

韋特對塔羅牌的改動，背離了他很熟悉的卡巴拉理論，除了他有意隱藏奧祕外，找不到什麼有力的解釋。當然這也說明了黃金黎明協會及神祕學組織的傳統知識份子氣息，他們對所謂「圈外人」或者一般民眾的素養與學習資格普遍不

信任。這件事要到克羅利（Aleister Crowley）出版《托特之書》（*The Book of Thoth*），更大程度揭露塔羅與卡巴拉的關聯後才得到改善。

話雖如此，這本書終究奠定了塔羅知識普及化的開端。因為在韋特塔羅面世之前，除了十五世紀末由不知名畫家所繪製的索拉布斯卡（Sola-Busca）塔羅牌外，數字牌的牌面只有繪製單純的花色，例如：聖杯3就畫三個杯子，權杖7就畫七根木棍。

雖說史密斯女士確定參考過索拉布斯卡塔羅牌的設計，但使塔羅牌風行於世、走入民間的，確屬這副韋特塔羅無疑。從此塔羅牌就以韋特塔羅為尊，圖像化的學習法也大幅取代了奧祕知識的學習。

說到這一點，不得不佩服韋特在這本書的先見，他告訴讀者，象徵主義「是對聖所中最深奧的事物最包羅萬象的隱祕表達」，又說「真正的塔羅牌是象徵主義，不說其他語言，不用其他符號。」

正是這個觀點讓他攜手史密斯女士重新恢復小牌的圖像，或許也是同樣的原因，他重視的不是塔羅的占卜價值，而是啟蒙與靈修的價值。他與心理學家榮格一樣，都發現了象徵的深度，發現了文字與符號的局限。客觀來說，他想建立的其實是心靈科學，因此那當中不能有附會，也不該藉著

托古來誇大塔羅牌的價值。

　　所以他才秉持歷史主義的精神告訴讀者，完整的塔羅牌出現在十五世紀以後，而它們所包含的深層啟示，即便是十四世紀也夠早了。一份真理如果具有無上的價值，就不需要藉著它出現的年代來彰顯自己的價值。換言之，好東西沒必要非得是老東西。

　　那麼，作為一個當代的讀者，這本小書還能給我們什麼啟示呢？

1、韋特示範了何為證據說話，他對前輩神祕學家對塔羅牌的附會不假辭色，無意將塔羅牌與古埃及掛勾，這說明他想建立的是屬於歐洲的神祕學或心靈科學。如今的考古證據依舊支持他的說法，那些把塔羅牌當成上古祕寶的想法可休矣！

2、韋特竭力批評的前輩神祕學家多為法國人，這也說明英國神祕學與法國神祕學間的觀點並不相同。身為後世學習者，我們需要知道，這場論戰的背後難免有國族主義的情結在內，除了那些有明確證據支持的觀點之外，學習塔羅牌時，千萬不要有以某個說法為尊，或誰是唯一正統的想法才好。

3、韋特告訴我們，理解塔羅牌的最佳方式是象徵，作為

象徵的集合體，塔羅牌沒有回答的，永遠比它回答的還要多。但有些學習者容易有收集象徵意義的習慣，舉個例子：愚人衣服上的圖案是什麼意思，他的包袱、他手上的鮮花代表了什麼？象徵的意義是無窮的，但重點是：「愚人是誰？」「這張牌在表達什麼？」切勿著迷於細節的爭論而因小失大，錯失了對整張牌義的掌握。

4、這本小書回答了韋特塔羅牌一直存在的幾個爭議，例如：月亮牌最前方的究竟是蠍子、小龍蝦、還是螃蟹？答案是小龍蝦（crayfish，本書翻譯為螯蝦）。這是韋特自己的稱呼。以及錢幣5中的兩人是情侶、路人、還是母子？韋特本人的答案是情侶。希望本書的面世可以終結許多似是而非的解釋。

當然，知名的凱爾特十字牌陣也同樣源於此書，進階型的學習者也可以看看韋特怎麼解讀重複出現的牌以及古老的占卜法，你會發現，隨著時代的演進，對於牌陣的大小以及牌面的意義都有不小的變化。礙於文長，我不再舉例，而是要邀請讀者穿梭回一百多年前那個韋特塔羅牌甫誕生的時代。兩位進入新世紀的神祕學家正帶著激動的心情，欲將他們所知的奧祕分享給世人。

而這份初始面世的奧祕雖然猶抱琵琶半遮面，卻在這本小書裡發出了耀眼的光芒。

【導讀】
塔羅神話的誕生：
潛入韋特塔羅的神祕學研究

王乙甯

　　韋特塔羅的重要性，在這個時代是無庸置疑的，但想像韋特牌出版時，對塔羅圖像的各種改變與革新，當時是否也能受到同樣的重視？我想韋特在當年可能對這件事也未必有十足的把握，或許這就是韋特會撰寫本書的原因之一。本書的內容安排，在當年也是韋特的大膽嘗試，把塔羅的神祕學研究與大眾化的占卜結合在一起，從行銷的觀點，創出了新的類別，但這種創新也有可能澈底失敗。時間證明，韋特的做法成功了，但比韋特早一年，在法國也有神祕學者出過類似的的著作，卻獲得負評。韋特的成功或許可以視為好運，但個人認為，更大的原因在於韋特牌對塔羅圖像進行的大膽與創新的改頭換面。

　　一九〇九年，法國的神祕學者帕浦斯（Papus，Gérard

Encausse的筆名）出版了《塔羅占卜》（*The Divinatory Tarot*）一書，帕浦斯的塔羅研究，主要跟隨了列維（Éliphas Lévi，本名Alphonse Louis Constant）的卡巴拉神祕主義學說，但在帕浦斯的時代，法國神祕學已然沒落，雖然十年前他的著作《波希米亞人的塔羅》（*The Tarot of the Bohemians*，一八八九出版）也是塔羅與神祕學研究領域重要的著作之一，但十年後，帕浦斯結合了列維大祕牌的塔羅神祕學研究與占卜術應用的塔羅書出版後，卻收到很多惡評。神祕學者們抨擊帕浦斯將塔羅研究與占卜術結合得太過粗糙，對占卜有興趣的大眾也不買單，當時書裡用的塔羅圖像，大祕牌維持了列維的傳統，小祕牌借用了占卜大師埃利艾特（Jean-Baptiste Alliette，又名Etteilla）出版的「托特之書艾泰拉塔羅」（*Book of Thoth Etteilla Tarot*），這些圖像都是早期埃及學說盛行時繪製的牌卡，這些圖像對神祕學者們來說，是前人留下的遺產，不得俗化。對大眾來說，進入二十世紀的法國中產階級，熱衷於生產自己的商業神話，不再一味模仿貴族們的品味，埃及意象對樂觀看待未來發展的法國人來說，或許太過遙遠與陌生。

　　同時期在英國擁有出版社的韋特，比帕浦斯更敏感的嗅到了市場走勢，他清楚大眾喜歡的是什麼，所以當他想發行塔羅牌時，不再延續神祕學的埃及傳統，反而找了繪製商

業海報，並與韋特一起在黃金黎明會研究神祕學的潘蜜拉（Pamela Colman Smith），為塔羅牌創造出更為大眾化，但又不失古典品味的全新視覺意象。韋特牌的成功，也要歸功於四十張元素牌轉變為人物圖像，至於為何會做出這樣的嘗試，雖然韋特沒有明說，但韋特在發行塔羅牌之前，早已熟知算命占卜術，他並不像法國的塔羅神祕學者們排斥占卜術。

　　一七八一年法國的共濟會成員古德傑貝林（Antoine Court de Gébelin）撰寫的塔羅與埃及神祕學研究的文章出版，打開了塔羅與神祕學研究的風氣，也間接助長了民間的塔羅算命的發展。當時的算命大師埃利艾特，就是從古德傑貝林的書獲得啟發，自己設計了一套專為占卜用的塔羅牌（托特之書艾泰拉塔羅）以及講解占卜術的專書，並在一七八三年出版，成為第一套專門應用於算命占卜的塔羅牌。雖然埃利艾特也很用心的延續了古德傑貝林的埃及與塔羅的神祕學研究，但沒有加入研究圈，且並非神祕學者的埃利艾特，長期被法國神祕學的學術圈排擠，列維甚至取笑埃利艾特是江湖術士，大力批評他的塔羅占卜術誤用了塔羅，這是當時的法國塔羅神祕學者們對待占卜術的態度。

　　韋特則對算命占卜早有涉入，並用大東方（Grand Orient）的筆名，在一八八九年出版過《紙牌占卜手冊：算

命與神祕占卜》（*A Handbook of Cartomancy, Fortune-Telling and Occult Divination*）一書，介紹了各種民間流行的算命占卜術。民間的占卜術普遍強調超自然力量，與占卜師個人的特殊靈力，但有些神祕學研究者，並不認為超自然力量屬於神祕學，其實列維與韋特在此觀點上是一致的。韋特認為神祕學不是超自然能力，而是一種透過理性思維進行的研究，所以由他在黃金黎明會推動的學習小組，較專注在超自然之外的神祕學領域。但韋特並沒有與塔羅占卜術切割，他把這兩者視為不同對象的使用需求，並理解占卜術的商業價值。而且把小祕牌改為人物畫以後，反而可以與坊間借用靈力來占卜的各種紙牌做區隔，創造出韋特塔羅牌應用於占卜的特色。

　　但以上說明也只是個人推測，是我在進入塔羅占卜的研究後，對於韋特牌與其他傳統紙牌占卜術之間的差異所推論出來的原因。不管韋特是否曾有這一層顧慮，韋特牌的圖像轉變，確實為之後的塔羅與身心靈占卜打開了新的可能性。韋特牌的成功，最主要發生在二十世紀正熱衷於靈性發展的美國，結合靈性療癒的塔羅占卜，直接使用韋特牌，而不是流傳更久的馬賽塔羅或其他牌卡，最主要的原因可能就是韋特圖像的象徵表現與人物圖像。但身為神祕學者的韋特，不會只滿足於牌卡在大眾銷售上的成功，他可能更期待能夠在

神祕學領域獲得讚賞與認可，所以在發行韋特塔羅的同時，也發行了這本書。

　　如果詳閱本書的內容，會看到韋特對前人的塔羅研究有諸多批評，可以看出韋特想要透過這本書，建立自己在塔羅研究上的學術形象。韋特撰寫這本書時所想像的讀者，是研究塔羅的神祕學者們，因此雖然他也將占卜應用的小祕牌納入介紹的內容，但詞語間卻貶抑小祕牌的占卜功能，明顯以他的學者身份抬高了大祕牌的神祕學內涵。所以本書並不是塔羅占卜書，而是韋特想要讓自己發行的塔羅牌，可以獲得塔羅神祕學研究認可的理論書。在內容的撰寫上，從大眾化的觀點來看並不友善，很多概念與名詞沒有說明，在字詞的使用上也不夠白話。現代有些學者會批評韋特是自大、喜歡故弄玄虛的學者，主要原因也是因為韋特喜歡使用艱澀的字詞，很多概念模糊不確定、前後矛盾。但他在塔羅圖像上的改革，帶來無人可比的影響，在這一點上，韋特塔羅的貢獻無可否認。

　　在本書中，韋特很強調他與列維研究上的差異，列維被稱為法國神祕學之父，他在塔羅研究上最大的貢獻是將猶太教卡巴拉神祕主義與塔羅結合，至今他的研究還是影響著很多人，在解讀塔羅牌時，卡巴拉的概念與塔羅牌成為無法分割的關係。但韋特並沒有延續列維的思維，甚至也會批評列

維的解讀是過度解釋。韋特對列維學說的不認同，並不代表列維的學說沒有道理，而是透過否定列維，突顯出韋特本人在觀點上的創新。就像塔羅神祕學研究的開端是古德傑貝林的埃及學說，但塔羅研究並沒有停留在埃及，後來的列維則提出和卡巴拉神祕主義有關的塔羅起源與學說，列維之後重要的法國學者是帕浦斯，他則是整合了前人的理論，並再加入數字神祕學與塔羅之間的關係，成為法國神祕學期間的三大重要人物。

比起法國，一八八八年在英國成立的黃金黎明會，在歐洲的神祕學研究上起步較晚，雖然承接了前人的很多成果，但創新需要比前人付出更多的努力。韋特早期透過翻譯就已接觸過列維或帕浦斯的塔羅理論，為了要讓自己與法國學者們有所區隔，韋特將其視野轉向英國的在地資源，從凱爾特的聖杯傳說與基督宗教化的過程，把天主教已消失的教派連結為塔羅起源，為塔羅創造出新的起源傳說。當然他的嘗試與古德傑貝林、列維如出一轍，從古老傳統找出與塔羅有關的起源，但這些嘗試並沒有歷史考據，都只是這些研究者們的推測與想像。

韋特的推測建構了韋特牌的圖像，所以不管歷史真偽如何，要認識韋特牌的圖像象徵，就必須從基督宗教的傳統去理解，而不是卡巴拉神祕主義。但現今還是有很多人喜歡用

卡巴拉生命之樹的概念解釋韋特塔羅，這種解釋還是能傳達出韋特牌的意義，雖然韋特本人未必會認同。神祕學是有關人與世界、宇宙的學問，各家理論並不在於分出真偽，而都展現了人想要認識自身與世界的奧祕的各種嘗試，雖然論述面向各有差異，但在講述人的經驗層次上，還是有很多相互共鳴的地方，所以各種神祕學理論，都能進入塔羅圖像的解釋，這也是為何有埃及、卡巴拉與聖杯傳說的原因，到了我們這個時代，發展出榮格心理學，以及各宗教的靈修觀來解讀塔羅的方法。

如何閱讀本書

一、帶著好奇心進入韋特塔羅創造的神話世界

還記得第一次閱讀本書前幾個章節時，好像在看達文西密碼，韋特是很有說服力的學者，跟著他的思路，共濟會、神智學、玫瑰十字會、天主教消失的教派……好像在揭開不為人知的宗教背後的祕密，而且其他人都錯了，韋特才是知道真正祕密的人。當然，在之後閱讀了有文獻考究的塔羅歷史專書後，才知道韋特也只是在說他推測的故事。塔羅牌的歷史直到一九八〇年，由英國的分析哲學家麥可·達米特（Michael Dummett）出版相關專書後才算定論，在那之前

的關於塔羅起源的介紹，大多只能算是杜撰或有此一說的傳聞，韋特也不例外。

考證塔羅歷史的真偽，跟認識每幅牌卡背後的靈感來源是兩種不同思維。就像達文西密碼，它的創作靈感來自於聖經中的耶穌，但文學創作不需涉入歷史真偽，讀者也能從創作故事中獲得閱讀樂趣與啟發。就像塔羅牌，從一開始的傑伯林的埃及說、到之後列維的猶太神祕學、韋特則強調天主教與聖杯傳說的影響等等，這些神話成為塔羅圖像背後的靈感，如果沒有這些神話，塔羅牌或許只能停留在已無人在玩的遊戲紙牌，也不可能像這個時代，為無數的創作者帶來靈感，推動百花齊放的圖像創作。

我們可以把塔羅牌的起源說，視為每一種牌卡的誕生神話，就像偉人出生時，不斷述說的各種怪異跡象，這些跡象的重要性不在於是否屬實，而是在於這些跡象述說了偉人的哪些貢獻與特質。所以，認識每種版本的塔羅起源的重要性，不在於真偽，而是思考這些故事到底為圖像賦予了什麼樣的意義。因此，在閱讀本書時，可以從韋特的字裡行間去好奇，韋特為何會這麼說？他想要表達什麼？這些內容為韋特牌賦予了哪些意義……。每個說故事的人，背後都會有他的動機與意圖，雖然在故事中未必明說，但好的聆聽者會好奇，並注意聆聽說故事的人真正想要表達的意義。韋特已經

離世，但閱讀這本書的讀者，透過好奇心，或許能夠成為與百年前的韋特有共感的聆聽者。

二、成為一位探祕者，進入眾多巷弄共築的迷宮

　　現有的很多塔羅書，專注在圖像的占卜功能，所以比起圖像的象徵內容，更強調占卜時可對應的牌義。但這本書對大祕牌的介紹，完全與占卜無關，每張圖像都成為說明神祕學的某種概念的象徵圖。象徵圖就像有很多典故的詩詞，如果不懂典故背後的故事，便無法理解那首詩詞在字句表層之外的深意。韋特大祕牌是象徵圖，如果不理解那些圖取自於什麼樣的典故，我們也無法知道那張牌所代表的深層含義。在原文書裡，韋特都只用了約一頁的內容說明一張大祕圖像的象徵，但這一頁的內容也充滿了各種宗教典故，如果不去外查相關資料，很難看懂這頁內容在表達什麼，除非你已具備了相當程度的神學或神祕學的相關知識，否則文字讀畢會有種沒看到什麼重要內容的感覺。

　　為了要看懂韋特寫的每個字句，會發現自己已不再只是閱讀這本書，而是手邊或電腦已開啟了各種相關資料，或甚至是同時閱讀好幾本主題都不相干的一些書。如果你想要快速讀完此書，並對每張牌有大致的理解，就會覺得這本書很難讀、無趣，內容不順暢。有些書在閱讀時，好像走上

筆直大道，直接幫讀者打通清楚的思路，但有些書在閱讀時會不斷被帶進邊間小巷，小巷裡又有另一個吸引人的世界，很容易讓讀者在小巷裡亂逛，但亂逛的過程卻距離原來的地方越來越遠，而這就是閱讀本書的真正樂趣。不要設定閱讀目標，享受不知會到達到哪裡的不期而遇的期待，當你覺得在延伸小路中迷了路，再回頭看看原來的圖像，你就會很驚奇，小小一張圖，卻隱藏了這麼多有趣的想法與概念，在這個過程，說不定你就會跟我一樣，無可救藥的迷戀上韋特牌，最後成為圖像研究者。

序言

　　我應當先簡要聲明個人立場，就自我辯白的意義而言，看來似乎有必要而非出於偏好。在多年文學生活中，可能受本身心靈和其他侷限影響，我向來是高等神祕學派的倡導者。我此時關注起乍看之下似乎只是某種家喻戶曉的占卜方法，人們可能會認為這種舉動很怪異。如今，即使是文學評論，某某先生的高見也無關緊要，除非恰巧與我們自身觀點一致，但為了使這個教義變得神聖，我們必須確保我們的觀點及其所產生的主題只涉及最崇高的事物。但就當前情況，這點似乎有疑慮，不僅對於我在適當範圍內所尊重的某某先生而言，對一些更為重要的人也是如此，因為他們奉獻的也是我所奉獻的。對這些人和任何人，我想說的是，最具啟發性的克里斯汀・羅森克羅斯弟兄[1]，在轉化的祕密宮殿中目睹

---

[1]　原文為 Frater Christian Rose Cross，據說是一位 15 世紀曾赴中東跟隨神祕學大師學習的朝聖者，返回日耳曼後創辦祕教教團「玫瑰十字會」。他的傳奇經歷記載於 17 世紀三份匿名出版的玫瑰十字會宣言，亦可能為虛構的寓言人物。（本章注釋未特別標示的，皆為譯者注。）

煉金婚禮[2]之後，懷抱著隔日一早能當守門人的期待，他的故事便戛然而止。以同樣的方式，那些能透過聖禮最清晰的面紗見到天國之王的人，往往是那些此後承擔上帝之家當中最卑微職務的人。透過這種簡單的做法，祕密會社裡的行家和大師，也就和作為「神祕學僕人之僕人」的新手群區分開來。同樣，或說以某種並非完全不同的方式，我們在最外圍的門前——在所謂神祕學方術的碎屑和瓦礫中——遇到了塔羅牌，關於這些方術，任何邏輯正常的人都不會遭受最輕微的欺騙；然而這些牌本身屬於另一個領域，因為它們蘊含非常崇高的象徵意義，此乃根據恩典的法則解釋，而非根據那些被稱為占卜的託辭和直覺來解釋。上帝的智慧在人看來是愚昧的，此事實無法推定人世的愚昧能意會神聖的智慧；因此，無論是普通階級的學者或掌權的教育家，都不太可能馬上意識到這個命題的概似性甚至可能性。這個主題已經在占卜師手中成為這行謀生的用具，我不會試圖說服我圈子外的任何人，這一點有多重要或毫無意義；在歷史和詮釋方面，

2　第三份宣言《克里斯汀‧羅森克羅斯的煉金婚禮》（*Chymical Wedding of Christian Rosenkreutz*）1616 年於德國出版，這本寓言式羅曼史某些段落與《聖經》相似，描寫羅森克羅斯受邀前往城堡，在七天中協助並見證國王（新郎）和王后（新娘）的「神聖婚姻」，這個結合實際上是指煉金術追求的偉大功業。

情況也沒有比較理想，它一直由某些擁護者掌握，這些人使它澈底被那些有能力洞察哲學及賞識證據的人藐視。是時候解救它了，我打算一勞永逸解決此事，以便我能擺脫那些分散注意力、讓人偏離主題的次要問題。正如詩歌是對至美事物最美的表達，象徵主義則是對聖所中最深奧的事物最包羅萬象的隱祕表達，這些事物尚未以同樣豐富的方式對外言明。沉默守則的正當性完全不是我目前關心的問題，但我最近已在別處記錄下我對這件事的想法。

接下來這篇專文分為三個部分，第一部分我將考證這個主題及衍生的相關議題。諸位應當理解，提出這些並非作為對紙牌歷史的貢獻，我對此一無所知也不關心；這是專門針對某個神祕學派的考量，尤其是在法國這個所有海市蜃樓的源頭和中心，這些幻象在過去五十年間以塔羅牌歷史作為幌子得以陳述。

在第二部分，我將探討象徵主義某些較高深的層面，正好用來介紹完整的修正版塔羅牌，這套彩色形式的牌卡和書分售，牌面設計則以黑白印刷收錄至當前文本。論追本溯源和意義，牌卡是在我的監督下籌劃，由一位絕對算得上藝術家的女士繪製完成。

關於占卜的部分，即本專文的結尾，我個人認為它是塔羅牌歷史的一個事實。因此，我從所有已發表的資料來源整

合了附加在不同牌卡上的意義，並鄭重介紹一種從未公開的
著名使用方法；它的優點是簡單，同時也可廣泛應用，能用
來取代那些較大本的塔羅手冊裡累贅複雜的系統。

第一部

塔羅的
神祕面紗與象徵

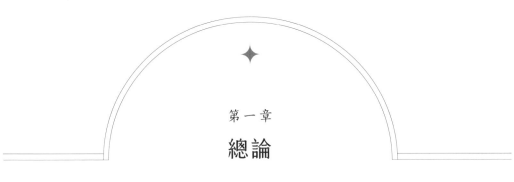

第一章

總論

　　詩人的病理學說：「不虔誠的天文學家是瘋子[1]」，普通人的病理學說天才是瘋子；在這些代表了數以萬計類似過當狀態的極端之間，至高無上的理性盡其所能地扮演調解者的角色。我不認為投入神祕學研究存在病理學，但沒有人能質疑這件事的誇張無度，要在這方面扮演吃力不討好的調解者同樣困難。再者，即使存在病理學，也可能是一種經驗主義而非診斷，而且無法提供任何判斷標準[2]。神祕主義和神祕能力不同，無論是日常生活中的商業才能，或是在自身領域裡具備證據準則的知識，神祕主義都與其扞格不入。我知道，

1　原文 The undevout astronomer is mad 出自 18 世紀英國詩人 Edward Young 的長篇無韻詩《牢騷：或，關於生命、死亡和不朽的夜思》，描述詩人對至親離世的反思並悲嘆人類的脆弱。《夜思》在當時歐洲各國流傳甚廣，影響浪漫主義甚鉅。
2　此處韋特提起病理學可能認為有必要指出，神祕學者和擁有神祕經驗的人也是正常人，其時代背景正值精神醫學方興未艾，韋特認為並無醫療上的診斷標準可斷定神祕學者是否「發瘋」。

以胡說八道的高雅藝術來說,當有人批評斷言某個立論不真
實,而且看不懂它本來就只是浮誇詞藻,還真沒幾件事能比
這更無趣。我也知道,在這門領域裡,在跟可疑教義或艱深
研究長期打交道後,遇到明顯有詐或無論如何完全不合理的
東西時,總會感到耳目一新而想探究。但從神祕主義的視角
看待歷史這方面的胡說八道,通常並不總是浮誇詞藻而已,
也沒有什麼耳目一新的恩賜能癒合它對邏輯理解造成的傷
口。當按照象徵主義更崇高的法則來思考塔羅牌時,幾乎需
要一位像玫瑰十字會裡「智者統御星辰[3]」弟兄的耐心,才不
會迷失在愚蠢的迷霧中。真正的塔羅牌是象徵主義,不說其
他語言,不用其他符號。鑒於其象徵符號的內在意義,它們
成為某種字母表,可以有無限組合並且皆具有真實意義。在
最高層次上,它成為一把通往神聖奧祕的鑰匙,不會受到個
人臆斷或詮釋的限制;但,人們一直在述說關於它的錯誤象
徵故事,迄今每本已發表的相關主題作品裡都寫了錯誤的歷
史。已有兩三位作者暗示,這一點至少在意義上無可避免,

3　原文為拉丁文 Sapiens dominabitur astris(智者統御星辰),在 13 世
　　紀末到 17 世紀末天文學家大量使用此格言,原典出處不可考,18 世
　　紀末這句話重新出現在共濟會和「黃金黎明會」等神祕學團體中。此
　　處韋特虛構了一位遵守此格言的玫瑰十字會弟兄,表示需要毅力十足
　　的智者,才能看清塔羅蘊含的深義。

因為熟悉它們的人很少，而這些少數透過傳承的人都發誓保密且不能背叛信任。這個暗示表面看來很荒謬，似乎有點潑這個主題冷水，因為有人提出特定詮釋，認為占卜這個「抽牌藝術」只能保留給教義的弟子。儘管如此，事實是塔羅的確存在祕密傳統，總是有可能會有一些神祕學的小奧祕隨著響亮的號角聲公諸於世，所以最好在事情發生前，警告那些好奇此類事物的人，關於象徵意義的任何揭露只會包含大地和海洋的三分之一，以及星空的三分之一。原因很簡單，無論是奧祕的根源或發展被寫下來的都不是太多，在任何偽裝的揭露背後仍然有許多東西可說。所以，恪守這一神祕秩序的某些入門聖殿守護者，毫無理由驚慌。

　　在我為《波希米亞塔羅牌》作的序中，我已經寫下當時可能或最有必要的事，這本書在很長一段時間後，最近重新出版，純屬偶然。如同我提到的，當下這本書是特地用來介紹一套修正版塔羅牌，講述它們樸素的真相，這種程度在圈外是可行的。至於那些更重要的符號的順序，它們最終和最高的含義則比圖片或象形文字的普通語言更深遠。那些接受過一部分祕密傳統的人才會理解。至於本書分配來描述重要大祕儀牌的文字意義，是用以正本清源排除過往的愚蠢和欺騙，讓那些具有洞察力的人走上正軌，並在我能力範圍內確保它們在一定程度上皆為真實。

　　我必須承認在幾個方面有所保留令人遺憾，但這涉及榮譽問題。此外，一方面有些人對傳統一無所知，卻自認是所謂神祕科學和哲學的代表，另一方面，有些作家承襲了部分傳統，並認為這構成他們具備合法名義在外界眼中賣弄，在前者的愚蠢和後者的假冒間，我覺得是時候說出能說的話，或許能將當前江湖騙術及無知的影響減到最低。

　　我們將在適當的時候看到塔羅牌的歷史絕大多數都不太肯定，人們用明確的術語表達瀰漫的空想和毫無根據的臆測，當這些問題澄清了，其實塔羅並沒有十四世紀之前的歷史。最早的闡述者謊言連篇，口中流露著關於塔羅牌源於埃及、印度或中國的自欺欺人，後來的神祕學作家們所做的只不過是懷著尚未覺醒的研究智慧，真誠地重現最初的虛假證詞。正巧，所有的闡述都在狹隘的範圍內進行，相對來說創造力並沒有太大貢獻，至少已經錯過了某個絕佳機會，因為至今還沒有人想到塔羅牌或許可能肩負阿爾比教派[4]祕密象徵語言的責任，甚至可能是其起源。我將這個看法推薦給加布

4　12 世紀卡特里教派（Catharism）傳入法國南部阿爾比（Abi）城並在當地興盛，故又稱阿爾比教派（Albigenses）。此教派受摩尼教和諾斯底教派影響，信仰二元論，認為是惡神創造並掌控這個世界和肉體，真神並無形體，他們反對基督教道成肉身說，也反對腐敗的羅馬教廷。13 世紀初，教宗伊諾森三世派出阿爾比十字軍討伐異端，經歷二十年鎮壓血洗，該教派殘餘勢力轉為地下直至 14 世紀末絕跡。

里埃·羅塞蒂[5]和尤金·阿魯[6]精神上的直系後裔，也推薦給哈羅德·貝利爵士作為文藝復興另一種新觀點[7]，至少可作為黑暗中的一盞燭光，而且不無敬意地說，也可能對像庫珀·奧克利夫人[8]那樣熱情和渴望探索的心靈派上用場。想想，如果將塔羅牌的教宗或教皇牌與一位祕密阿爾比教派主教的概念連結，那麼紙張上浮水印的所謂證據會增加多少收穫，貝利爵士就是在這些浮水印裡找到大量符合他心意的材料。試想一下，女祭司這張牌代表阿爾比教派教會本身；再想想閃電擊中高塔象徵著渴望摧毀羅馬教廷，這座七山之城，當神的憤怒讓高塔四分五裂，羅馬教宗及其世俗權力從這座神聖建築物裡被拋下。這些可能性如此眾多，引人信服，以至於幾乎欺騙了其中一位創造這些論述的上帝選民。甚至還有更

---

5 加布里埃·羅塞蒂（Gabriele Rossetti）是 19 世紀義大利貴族、詩人和學者，支持義大利民族革命並創辦燒炭黨（Carbonari），後流亡英格蘭。著有《論導致宗教改革的反教宗精神》一書。

6 尤金·阿魯（Eugène Aroux）是 19 世紀初法國學者。著有《中世紀騎士精神與柏拉圖之愛的奧祕》。韋特認為這本作品受到羅塞蒂啟發，這兩人的作品皆影響了英格蘭的神祕學圈子。

7 英國學者哈羅德·貝利（Harold Bayley）靠自學通曉據稱五十種語言，被譽為 20 世紀最偉大的東方學家之一。著有《文藝復興新觀點》一書，主張文藝復興其實始於法國。

8 庫珀－奧克利夫人（Harriet Isabella Cooper-Oakley）是活躍於 20 世紀的神智學者和作家，作品也多受羅塞蒂和阿魯影響。

多，雖然我幾乎不敢引用。當塔羅牌首度成為學者正式詮釋的主題時，考古學家古德傑貝林[9]複製了一些塔羅中最重要的象徵符號，以及，容我這麼說，藉由他的銅版印刷，他用的手抄本成為後來發行的多套牌卡參考的基礎。這些圖形非常原始，與艾泰拉塔羅牌[10]、馬賽塔羅牌[11]，以及法國目前流通的其他塔羅牌不同。我對這方面沒有多好的見解，但從我引用的案例可看出每張大祕儀牌都很可能符合浮水印的用途，聖杯王牌就是最顯著的例子。

我應該稱其為聖餐象徵，沿襲聖體櫃的用法，但現在這無關緊要。關鍵是，哈羅德‧貝利爵士在他的《文藝復興新觀點》一書中提供了六個類似的圖案，都是十七世紀紙張上的浮水印，他聲稱這些圖案源自阿爾比教派，代表聖禮和聖杯的象徵。

....

9　古德傑貝林（Antoine Court de Gébelin）是 18 世紀新教牧師和神祕學者，也是共濟會成員。他是最早主張塔羅牌和古埃及《托特之書》有關的人，認為塔羅牌揭示了一條「神聖的道路」。

10　艾泰拉（Etteilla）是法國算命大師埃利艾特（Jean-Baptiste Alliette）的化名，他是首位專職占卜的塔羅使用者，在 1789 年出版了自己的塔羅牌。

11　馬賽（Marseille）塔羅牌於 17、18 世紀時在法國非常流行。

　　要是他聽說過塔羅牌，要是他早知道這些占卜、算命、流浪藝術的紙牌或許當時就已經在法國南部流通，我想他那迷人但過於異想天開的假設可能會在他的夢境裡更加膨脹。我們無疑會看到基督宗教[12]諾斯底教派[13]、摩尼教，和他經由原始《福音書》理解的一切在這些圖片背後閃閃發光。

　　我可不透過這種濾鏡看事情，只能日後再推薦他留意這個主題；在此提到這件事只是想介紹一種前所未聞的奇觀，看看關於塔羅歷史牽強附會的推測有多神奇。

12　基督教指新教，基督宗教是對上帝一神信仰的統稱，包括東正教、天主教、基督教。

13　諾斯底教派（Gnosticism）又稱靈知派或靈智派，相信真正的至高神存在於美善的精神世界，人因墮落被囚禁在肉體中，唯有獲得靈知的人能與真神連結並獲得救贖，脫離物質現世，回歸靈魂源頭。

　　關於紙牌的形式和數量，可能不需一一列舉，因為幾乎都很耳熟能詳，但由於假設任何事都有風險及其他原因，我將它們簡要列出如後。

第二章

大牌，
又稱大祕儀

　　1. **魔術師、魔法師**或**雜耍者**，庶民詐術世界中的擲骰者和江湖術士。這是「小冊子[1]」的解釋，與它真實象徵意義的對應性，就像將塔羅用於算命對應其象徵主義祕密科學的神祕建構。容我補充，許多這個主題的獨立研究者根據自己的理解，提出關於大牌的個別順序和含義，他們的見解有時令人浮想聯翩，但並非正確的理解。例如：艾利馮斯·列維[2]認為魔法師象徵一元性，乃數字之母；其他人認為是神的一元性；最近一位法國評論家認為，一般而言它就是意志。

1　原文為 colportage，指類似傳教士或攤販的人遊走分發或兜售的廉價出版物、書籍或宗教小冊子，在 17、18 世紀歐洲尤其農村地區非常流行。
2　艾利馮斯·列維（Éliphas Lévi）是 19 世紀法國神祕主義者、詩人和作家，年輕時放棄神職成為儀式魔法師，1854 年撰寫神祕主義經典《高等魔法的教條和儀式》，可謂現代神祕主義的奠基者。

2. **女祭司、教宗瓊安**[3]，或**女教皇**；早期的闡述者試圖稱這張牌為母親或教皇之妻，與其象徵主義相矛盾。有時它被認為代表神聖法則及真知（gnosis），在此情況下，女祭司相當於Shekinah[4]的概念。她是祕密傳統，也是制度化神祕學的更高意義。

3. **女皇**，有時以正面示人，而與她對應的皇帝則以側面呈現。由於人們傾向認為當中的區別具有象徵意義，因此似乎有必要說明它沒有任何內在含義。女皇普遍與萬物豐饒的繁殖力和活動力的觀念有關。

4. **皇帝**，推算可知為前者的配偶。除了個人徽章，有時他也以配戴某種騎士階層的星星或緞帶的圖像出現。我提及這點是為了顯示，這些牌卡是新舊象徵物的混和體。那些堅持某一方證據的人，如果願意或許也能與另一方打交道。在

3　教宗瓊安（Pope Joan）是相傳西元853至855年在位的天主教女教宗。她的名字首次出現在13世紀後期波蘭道明會會士馬丁所著《教宗及皇帝大事記》第三校訂本。中世紀人們普遍相信確有其事，16世紀後，許多新教作家以此傳說編寫反天主教的著作。

4　Shekinah的希伯來文原意是居所、居住；顯現、彰顯，此處意指「神的榮光與人同在」。

某個特定設計融入舊材料並不能具體證明它的古老；但零星的新元素也沒辦法證明什麼，這些新元素的干涉可能只表現出編輯或繪製者的笨手笨腳。

5. **大祭司**或**教皇**，也稱為靈性之父，更明顯常見的稱呼是教宗。甚至有人稱其為修道院院長，然後與其對應的女祭司就是修道院女院長或女子修道院院長。兩種名稱都很牽強。這位人物配戴的是教宗的徽章，在這種情況下，女祭司就只能代表教會，教宗和牧師透過聖職的授命與教會結婚。然而，我認為這張牌最原始的形式並不代表羅馬教宗。

6. **戀人**或**婚姻**。這個符號歷經許多演變，從它的主題可想而知。在十八世紀的版本中，這張牌首度因為考古研究[5]為人熟知，它實際上是一張婚姻生活牌，呈現一對父母，孩子站在他們中間；而上方射箭的異教愛神邱比特，顯然是一個誤用的象徵物。邱比特代表的是愛苗滋長，而不是愛情成熟，守護愛的果實。據說這張牌曾被命名為「忠貞的擬

5　此處暗指古德傑貝林，他在《原始世界》裡提出戀人牌的原始圖像，
　　他認為一男一女中間的人應為牧師。

像[6]」，代表婚姻信仰的象徵，對此，以彩虹作為盟約的標記可能更合適。這些人物也被認為代表真理、榮譽和愛，但我懷疑這可能只是評論家為了說教而加油添醋。這張牌是有這些意義，但還有其他更高的層次。

　　7. **戰車**。在一些現存的手抄本中，這張牌被描繪為由兩隻史芬克斯[7]拉車，這個設計與象徵意義一致，但不可認為這就是它的原始版本；發明這種變體是為了支持某個特定歷史的假設。在十八世紀，拉車的是白馬[8]。關於這張牌常見的名稱，以小表大，雖名為戰車，但實際上是指君王的凱旋。不過它象徵的是勝利後自然而然稱王，而不是第四張牌皇帝的既定王權。古德傑貝林說這是歐西里斯[9]的凱旋，春天征服的

6　原文為 Fidei Simulacrum，是一幅古羅馬雕塑擬像作品，構圖與古德傑貝林找到的戀人牌雷同（但上方沒有邱比特），古德傑貝林認為此三人分別代表真理、榮譽和愛，象徵夫妻婚姻生活的忠貞信仰。

7　史芬克斯（Sphinx）是埃及神話裡有翼的怪物，傳說有人面獅身、羊頭獅身、鷹頭獅身三種史芬克斯。在戰車和命運之輪牌中使用的是人面獅身形象。

8　馬賽塔羅牌是由兩匹駿馬拉著戰車。列維改成由史芬克斯拉車，以支持塔羅牌源於埃及的理論。韋特不認同埃及起源說，但他沿用了列維的部分設計。

9　歐西里斯（Osiris）是埃及神話中的冥王，同時也是生育和農業之神，與妻子伊西斯（Isis）生下荷魯斯。

太陽戰勝了冬天的障礙。我們現在知道，歐西里斯自死亡重生並非以如此明顯的象徵來表達。除了馬之外，也曾有其他動物被用來拉「勝利之車」，像是獅子和豹。

8. **剛毅**。這是其中一個天主教美德，我稍後會解釋。通常會描繪一位女性人物正闔上獅子的嘴。在古德傑貝林出版的早期版本中，她顯然在掰開牠的嘴。第一個選項的象徵意義更好，但在傳統理解中，無論哪種都是力量的例子，並傳達了掌控的概念。有人說這個人物代表有機力量、道德力量和一切力量的原則。

9. **隱士**，這是稱呼他的常用措辭，他是列表的下一位；他也是一位嘉布遣會[10]修士，更哲學的用語稱之為聖賢。據說他在尋找牌卡序列裡遙遠的真理，以及尋道途中在他面前的正義[11]。但稍後我們會看見，這是一張造詣成就之牌，而不是尋求之牌。據說他的提燈中蘊含神祕科學之光，他的拐杖則

10　嘉布遣會（Capuchin）是天主教兄弟修會方濟會（Franciscan）的分支，創於 1620 年左右，屬於托缽修會派別，奉行清貧、講道、做學問的生活，修士衣著特色是連帽的棕色斗篷。

11　列維認為 21 號世界牌象徵真理，韋特認為是 17 號星星牌，兩者都離 9 號牌隱士頗遙遠。正義牌原本排第 8，在隱士前面，但韋特把它跟力量牌對調，變成第 11 號牌。

是一根魔杖。這些詮釋在各方面都能與我稍後不得不討論的占卜和算命意義相比擬。兩者的邪惡之處在於，它們在自己的方式上是真實的，但錯失了所有應該屬於大祕儀的崇高事物。猶如一個人心裡明白條條大路通高處，上帝就在至高之處，他竟然選擇毀滅之路或愚蠢之路，作為獲得自己造詣成就的途徑。艾利馮斯・列維將這張牌歸於「審慎[12]」牌，但他這樣做是刻意去填補象徵符號中可能出現的空白。天主教四美德對於像大祕儀這樣蘊含思想體系的序列不可或缺，但不能只採用最粗淺的意義，為了讓在如今新聞一文不值的時代被稱為街頭百姓的人方便使用或得到安慰。

　　四美德適當的理解是，用相似字重新表達「完美的忠告[13]」時所使用的關聯詞，它們的解讀如下：

....

12　審慎（prudence）的拉丁字源含有遠見、睿智、洞察明辨等意，早在柏拉圖和亞里斯多德時期，便將這種以理性管理約束自我的行為視為美德。4 世紀時擔任米蘭總主教的 Saint Ambrose 定調四美德為正義（Justice）、節制（Temperance）、力量（Fortitude）和審慎（Prudence），往後天主教和基督教傳統中不乏各種版本的美德組合。有些神祕學者認為塔羅大牌中應有代表四美德的牌，但哪張牌代表審慎則眾說紛紜。

13　完美的忠告（counsels of perfection）出自天主教教義問答，當中描述四大美德並附帶忠告和《聖經》引用。另有三種「完美的忠告」稱為「福音的忠告」，分別是貞潔、貧困和服從。

（一）超驗[14]的正義，當天平因魔鬼而過重時，用來反平衡以讓天平倒向上帝這一方。相應的忠告是，當你和魔鬼玩高額賭注時，請使用灌鉛的骰子。定理是，「要嘛上帝，要嘛虛無[15]」。

（二）神聖的狂喜，作為和「節制」抗衡的力量，我相信它的標誌是酒館裡燈光的熄滅。相應的忠告是，在天父的王國裡只喝新酒[16]，因上帝主宰萬有。定理是，人作為理性的存在必須對上帝深深著迷，典型的例子是史賓諾沙[17]。

（三）王者的剛毅，這種狀態是象牙之塔和黃金之宮，但這是指上帝，而不是人變成「脫離仇敵的堅固臺[18]」，而且敵人已經被逐出宮殿了。相應的忠告是，人即使在死亡面前也不該輕饒自己，他必須確信，在任何公開的過程中，他的

14　超驗（transcendence）也稱「超越」，在哲學上指處在普通經驗或理解之外的狀態，涉及超越知覺與知識的界限，訪問更高或更深層次的現實。

15　原文為拉丁文 Aut Deus, aut nihil（Either God or nothing）。

16　出自《聖經‧馬太福音》26：29，耶穌和門徒用餐時說，「你們都喝這個，因為這是我立約的血，為多人流出來，使罪得赦。但我告訴你們：從今以後，我不再喝這葡萄汁，直到我在我父的國裡同你們喝新的那日子。」本書中的《聖經》引用皆採用和合本譯文。

17　荷蘭哲學家史賓諾沙（Spinoza）是 17 世紀理性主義先驅，啟蒙時代及現代《聖經》批判學的開創者。

18　原文為拉丁文 Turris fortitudinis a facie inimici，出自聖經《聖經‧詩篇》61：3，「因為你做過我的避難所，做過我的堅固臺，脫離仇敵。」

犧牲能保證帶來最好的結局。定理是，當人的力量上揚到敢於捨身的程度時，他將能找到上帝及庇護所，因此要無懼與學習。

（四）審慎是遵循阻力最小路線的節約行事，讓靈魂回到所來之處。由於今生的壓力、恐懼和明顯的莽撞，這個教義是為了神聖的儉樸和能量的保存。相應的忠告是，真正的審慎是只關注一件必做的事。定理是，毋虛耗，毋所欲。整件事的結論是建立在交換法則的商業提案：關於神聖的事物，一定會在不知不覺間獲得你尋求的，這是供需法則。我在此提到這幾件事有兩個簡單的原因：

（一）由於和心靈的公正程度成正比，有時似乎更難確定是邪惡還是粗俗更悲慘地摧毀了現在的世界；

（二）為了彌補舊概念的缺陷，有時亟需清空這些概念公認含義的術語和用詞，好讓它們能獲得新的且更充分的意義。

10. **命運之輪**。目前英國有一本《紙牌占卜手冊[19]》蔚為風潮，這本書在大量稀奇古怪到毫無意義的事物中，穿插了

19　《紙牌占卜手冊》於 1909 年出版，作者為法國大東方（Grant Orient），是韋特的化名。

一些嚴肅的主題。在其最新最大的版本中，有個部分討論了塔羅牌；若我對作者的詮釋正確，塔羅自始至終被視為「命運之輪」，這個說法是我自己的理解。我不反對這種包容但傳統的描述；世界各地都有塔羅牌，不知為何命運之輪以前未被採用作為通俗算命方面最適當的名稱。

　　這也是一張大牌的標題，正是我們目前關注的重點。近年來，它歷經許多莫名其妙的呈現方式和一次在象徵意義上頗具啟發的假設性改造。輪子有七根輻條；在十八世紀，隨著輪子上升和下降的動物其實是四不像，其中一個具有人頭。輪子頂端是另一個不確定身體是何種野獸的怪物，肩膀有翼，頭戴皇冠，爪子握有兩根權杖。改造版本換掉了這些象徵符號，隨著輪子上升的是赫密努比斯[20]，蹲伏在輪子頂端的是史芬克斯，隨輪子下降的是提豐[21]。這是另一個為了支持假設而發明的實例；但若拋開假設，這個動物群組在象徵意義上是正確的。

20　赫密努比斯（Hermanubis）是希臘神話中的赫密士（Hermes）和埃及神話中的阿努比斯（Anubis）融合的神祇，在羅馬統治埃及時期很受歡迎，通常被描繪為人身和狐狼頭。

21　提豐（Typhon）希臘語原意是「暴風」，是希臘神話中力大無窮的巨大妖魔，也是大地之母蓋亞的小兒子，傳說上半身為人，下半身是巨蟒，曾與宙斯大戰，使諸神奔逃至埃及。

　　11. **正義**。這張本來能用更古老方式呈現的牌，顯示了塔羅雖然歷史悠久，但還不到遠古。然而，那些在這類事物上具有洞察力的人，不用說他們也知道時間長短絕非考慮因素的本質。共濟會[22]第三級的會所關閉儀式可能屬於十八世紀末，但這事實毫無意義；它仍然是所有制度化和正式神祕學的概要。第十一張牌的女性人物據稱是阿斯特莉亞[23]，她體現了相同的美德，也用相同的象徵符號代表。雖說的確有這位女神，雖說也有庸俗的邱比特，但塔羅並不屬於羅馬神話，也不屬於希臘神話。它對正義的呈現，理應是大祕儀序列裡蘊藏的天主教四美德；不巧，第四個象徵物缺失了，評論家們必須在所不惜的找到它。他們已盡力而為，但研究法則從未成功透過「審慎」的形式解救失蹤的波瑟芬妮[24]。古德傑貝林試圖用某個壯舉解決此難題，認為他從吊人的象徵裡提取出想要的東西——此乃自我欺騙。因此，塔羅有正義、有

---

22 共濟會（Freemasonry）是 1717 年創始於英國的祕密兄弟會組織，由中世紀末歐洲石匠行業協會演變而來，宣揚博愛和慈善思想，網羅世界菁英加入。

23 此說法出自古德傑貝林。阿斯特莉亞（Astraea）是希臘神話中的正義女神，曾生活在凡間主持正義，直到人類道德逐漸敗壞，返回天上變成處女座，手中判斷善惡的天平變成天秤座。

24 希臘神話中波瑟芬妮（Persephone）出生後被冥王黑帝斯偷走。此處韋特藉失蹤的波瑟芬妮，比喻在塔羅裡失蹤的審慎（Prudence）。

節制、有剛毅，但由於離奇的遺漏，塔羅並未提供我們任何「審慎」的類型；儘管或許可以承認，在某些方面，隱士憑藉自身的一盞燈火追尋一條孤獨之路，對那些能心領神會的人來說，提供了關於「審慎之路」某種崇高的忠告。

12. **吊人**。這個象徵被認為代表「審慎」，而艾利馮斯·列維以他最膚淺和似是而非的方式表示，這是一位被自身承諾束縛的煉金術行家。這位男性人物頭部朝下懸掛在絞刑架上，其中一個腳踝以繩索綁在架上。雙臂綁在身後，一腳交叉在另一腳上方。根據另一種實際流行的解釋，他象徵了犧牲奉獻，但目前所有歸因於這張牌的含義都是占卜師的直覺，與象徵方面的真正價值無關。十八世紀流傳塔羅牌的算命師，描繪了一個穿著無袖緊身上衣的年輕人，氣質陰柔，單腳直立，腳踝鬆垮地綁在一根插入地面的短木樁上。

13. **死神**。呈現方式幾乎始終如一，體現一種中產階級保守的象徵主義。畫面是生命的場域，在平凡無奇的茂盛草木間，活生生的手臂和頭顱突出地面。其中一顆頭顱戴著皇冠，一個拿著大鐮刀的骷髏正在砍斷它。一目了然且必然的意義是死亡，但分配給這個象徵符號的其他選項是變革和轉化。其他頭顱早已從原本的位置移除，就當前明顯的意義來

看，這張牌尤其是指國王之死。以異國風情來說，據說它象徵靈魂在天界的揚升、創造和毀滅，以及永恆的運動等等[25]。

14. **節制**。一個有翅膀的女性形象，正將液體從一個水罐倒入另一個水罐中。這個女性形象和所有關於天使位階的教義相反，但通常還是被歸類到「服事的靈[26]」這個次第。帕浦斯[27]博士在最後一本塔羅書中，遺棄傳統形式描繪了一位戴著埃及頭飾的女性。表面看來第一個明確的事情是，整個符號和節制並無特殊關聯。節制向來是這張牌的標題，這個事實是意義背後還有意義的實例，就塔羅整體而言，考量這個名稱特別重要。

15. **惡魔**。在十八世紀，這張牌似乎只是厚顏無恥的動物象徵。除了古怪的頭飾，主要人物全身赤裸；它有蝙蝠翅膀，手腳以鳥爪呈現。右手握著一根末端被視為火焰標記的

25　此說法出自法國作家 Paul Christian（本名 Jean-Baptiste Pitois）1870 年出版的《魔法的歷史與實踐》。

26　《聖經》中天使通常被描繪為男性。此處原文為 ministering spirits，出自〈希伯來書〉1：14，「天使豈不都是服役的靈，奉差遣為那將要承受救恩的人效力嗎？」

27　帕浦斯（Papus）是 Gérard Encausse 的筆名，他是 19 世紀一位法國醫師、催眠師及神祕學者。1889 年出版了《波希米亞人的塔羅》。

權杖。整體來看這個人物並不特別邪惡；它沒有尾巴，有些
評論家說它有希臘神話裡鷹身女妖的鳥爪，都是胡扯。說那
些是鷹爪這麼另類的聯想，並沒有更好的依據。兩個小惡魔
的頸圈掛著繩索，把他們繫在惡魔盤據的基座上，可能是一
男一女。他們有尾巴，但沒有翅膀。自一八五六年以來，艾
利馮斯・列維及其神祕主義教義的影響，改變了這張牌的面
貌，如今它看起來像是一個偽巴弗滅[28]人物，擁有山羊頭，兩
角中間有巨大的火炬。它蹲坐著，而非直立，代替陽具的是
希臘神祇赫密士的雙蛇杖。在《帕浦斯博士的塔羅牌占卜》
（*Le Tarot Divinatoire*）中，小惡魔被裸體的人類取代，一男
一女被鐵鍊束縛，彼此桎梏。作者可能因這個改進的象徵意
義而得福。

16. **閃電擊中的塔**。其他標題有：普路托斯[29]的城堡、上
帝之家和巴別塔。在最後一例中，墜落的人物被認為是寧錄[30]
與其大臣。這無疑是張令人困惑的牌，廣泛來說，這個設計

---

28 巴弗滅（Baphomet）是基督教裡的羊頭惡魔，是撒旦的象徵。列維
　　在《高等魔法的信條與儀式》中，創作了雌雄同體的巴弗滅形象，從
　　此深植人心。
29 普路托斯（Plutus）是古希臘和古羅馬宗教裡的財富之神。
30 寧錄（Nimrod）是挪亞的曾孫，據〈創世記〉記載，大洪水後他自
　　封為王並大興土木築城，一說是他命人興建巴別塔。

可以對應除了「上帝之家」以外的任何稱謂，除非我們要理解上帝之家已被廢棄，聖殿的帷幕已被撕毀。略微令人驚訝的是，這個設計迄今尚未有人歸因於所羅門聖殿的毀滅，畢竟閃電可以象徵迦勒底國王[31]用來襲擊這座建築物的火與劍。

17. **星星**，犬星或天狼星，也被異想天開稱為魔法師之星。七個較小的發光體圍繞著它，其下方是一位裸體的女性人物，左膝置地，右腳踩在水上。她正從兩個容器倒出液體。一隻鳥棲息在她附近的樹上；在一些後來的牌卡中，鳥被換成停在玫瑰上的蝴蝶。星星牌也被稱為希望牌。這是其中一張被古德傑貝林完全描述成埃及風格的牌，換句話說，是他自己的白日夢。

18. **月亮**。一些十八世紀的牌卡月亮的臉在左側；艾泰拉的掉價版本中，是一輪滿月掛在星空。近年來，月亮的臉在右側。幾乎在所有呈現中，月亮都明亮地照耀著，灑落大滴大滴溼潤的露水滋養大地。下方有兩座塔樓，中間有條小徑蜿蜒通往地平線。兩隻狗，或一狼一狗，正對月吠叫。前景

---

31 迦勒底（或稱新巴比倫）帝國的國王尼布甲尼撒二世（Nebuchadnezzar II），西元前 586 年摧毀了耶路撒冷，包括所羅門聖殿。

有水，一隻螯蝦正朝著陸地移動。

19. **太陽**。在舊版的牌中，這顆發光體的顯著特徵是波浪和突角交錯的主要光線，以及放射出去的次要光線。它不僅透過光和熱影響地表，也像月亮一樣灑落露珠。古德傑貝林稱之為黃金和珍珠的淚水，就像他將月亮的露珠和伊西斯的眼淚相提並論。在犬星[32]下方有一面牆，暗示著這是封閉空間，可能是有圍牆的花園，當中有兩名孩童，或裸體或衣著單薄，面朝一片水域，正在嬉戲或手拉手奔跑。艾利馮斯‧列維說，有時這些畫面會被一位解開命運的紡織者取代；或者換一個更好的象徵，也就是一個騎在白馬上的赤裸小孩，揚著一面紅色旗幟。

20. **最後的審判**。我已經提過這個象徵符號的形式基本上不變，即便艾泰拉的塔羅牌也是如此。一位天使吹響號角召喚墓中蒼生[33]，死者復活。無論是艾泰拉省略掉天使，或帕浦

32　此處用犬星（天狼星），可能出自古德傑貝林在《原始世界》對星星牌的描述，「當太陽離開巨蟹座標誌時，這顆星星升起，緊隨其後。」意指太陽高昇時，天狼星也同時升起（只是被擋住），或許解釋了太陽「次要光線」的來源。

33　墓中蒼生（per sepulchral regionum）出自中世紀天主教拉丁語詩歌〈震怒之日〉（*Dies irae*），描寫最後的審判場景。

斯博士用一個可笑人物取而代之，至少這與他隨最新作品所
附的塔羅套牌之一般占卜目的一致，這些都不重要。在拒絕
此牌名稱及眼前圖像傳遞的象徵主義一目了然的詮釋之前，
我們的立場應該很明確。至少表面上，它只能是人類三位一
體的復活，即父親、母親、孩子，我們在六號牌已經見過。
布爾嘉先生冒險提出，雖然這張牌不帶任何進化的標記，以
祕傳的角度它是進化的象徵[34]。其他人說它象徵更新，這顯而
易見；它是人類生命的三位一體，是「大地的生殖力……和
永恆的生命。」古德傑貝林跟往常一樣不可信，他指出若是
去除墓碑，可接受將這張牌視為創造的象徵。

21. 其實在多數排列中這是零號牌，沒有數字。**愚者，
瘋子**，或**不明智的人**。古德傑貝林把它放在整個系列的開
頭，作為計數預設的零或負數，這是更簡單也更好的安排。
這個做法被摒棄，是因為後來人們把這些牌卡歸因於希伯來
字母，而要將零這個符號分配到能表示數值的字母表裡，顯
然有點難以令人滿意。目前這張牌對應字母Shin，對應數值
300，困難或不合理依然存在。事實上，牌卡的真正排序從未
曝光。愚者背著一個錢袋；他提心吊膽，渾然不覺自己來到

34　出自布爾嘉（Jean-Gaston Bourgeat）的《塔羅牌：歷史概覽》。

懸崖邊緣；一隻狗或其他動物，有人說是老虎，正從背後攻擊他，他懵懵懂懂就匆匆殞滅了。艾泰拉對這張牌提出一個理由充分的變體，一個符合常人理解的宮廷小丑形象，穿戴帽子、鈴鐺和五顏六色的服裝。其他描述提到錢袋裡裝了持有者的愚蠢和惡習，這似乎是平庸保守又武斷的評論。

　　22. **世界**，**宇宙**，或**時間**。《啟示錄》和以西結所見異象中的四活物[35]，在基督教象徵裡屬於四福音書作者[36]，它們圍繞著一個橢圓形花環，彷彿是一串象徵諸有情眾生的花鏈。花環內有一女子，風用輕巧的圍巾裹住她的腰際，這便是她的全部衣裳。她翩翩起舞，雙手各持一根權杖。這個傳神的意象描繪了感性生命的漩渦，身體獲得的喜悅，靈魂在塵世樂園的陶醉，但仍深受神聖守護者的保護，彷彿藉著聖

35　《聖經·以西結書》1：5記載，祭司以西結在迦巴魯河邊看見異象，狂風颮起，天上出現大片閃耀火焰的雲，其中出現四個活的生物，各有四對翅膀、四張臉，分別是人臉、獅子、牛和鷹。

36　四福音書作者（Evangelists）指新約《聖經》中四部福音書的作者馬太（象徵符號為天使）、馬可（獅子）、路加（牛）、約翰（鷹）。

名、四字神名[37]、JVHV的力量和恩典得到保護，這四個不可言喻的字母，有時也屬於神祕的獸。艾利馮斯・列維稱這個花環為皇冠，描述這位女子代表真理。帕浦斯博士將其連結到「絕對[38]」和偉大功業[39]的實現；但對其他人來說，它是人性的象徵與善用人生的永恆獎賞。值得注意的是，在花環的四個角落，有四朵特別標記的花。根據保羅・克里斯汀的說法，花環應該由玫瑰花組成，艾利馮斯・列維說，這樣的花鏈比鐵鍊更不容易斷裂。或許是為了對比，但出於相同原因，至高無上的教皇頭戴彼得的鐵冠，可能比戴國王的金冠更輕。

---

37 四字神名（Tetragrammaton）是四個古希伯來字母，代表猶太教及基督教唯一真神之名，拉丁化後寫法有 IHVH、JHVH、YHVH、YHWH 等。此四個字母都是子音，母音早已失傳，無法確認發音。中世紀末「四字神名」被拉丁化為 Jehovah 且廣為流傳，合和本中譯為「耶和華」，現代學者相信正確發音應該更接近「雅威」。

38 絕對（Absolute）在哲學上意味著「自包含、完美、完整」的真實，即一切存在的精神基礎，或視為精神統一體的事物整體；在神學上通常用來表示至高無上的存在。

39 偉大功業（Great Work，拉丁原文 Magnum opus）指在煉金術傳統中利用物質轉化的過程創造出賢者之石（philosopher's stone，又譯點金石、哲人石）；在赫密士主義中，意味著個體自我覺醒後，藉由不斷內省和靈性實踐，內在產生轉化、超越，重新與神性連結並獲得更高層次智慧，最終達到與宇宙合一的過程。

第三章

四大花色牌組，
又稱小祕儀

　　詮釋的資源就算沒耗盡，也大把揮霍在二十二張大祕儀牌上了，它們的象徵意義無庸置疑。塔羅牌還有四組花色：權杖或長棍，根據推測，在這個主題的考古學裡，就是現代撲克牌方塊的前身；聖杯，對應紅心；寶劍，對應梅花，因為騎士的武器和農人的鐵頭長棍跟阿爾薩斯擊棍有關；最後是錢幣，也被稱為但尼爾[1]、硬幣，是黑桃的原型[2]。在新舊花色中，都有一到十號牌，但在塔羅牌中，每種花色分配了四張宮廷牌，也就是說，除了國王、王后、小廝還有一名騎

1　原文為 Denier，是西元 8 世紀法國卡洛林王朝發行的銀幣，面額很小，類似便士（penny），後來成色逐漸降低變成銅幣。主要於西歐流傳，直到 1789 年法國大革命後停用。
2　韋特在他另外兩本書《占卜手冊》和《聖杯的隱藏教堂》中，提供另一種塔羅與撲克牌的對應關係：權杖＝方塊，聖杯＝紅心、寶劍＝黑桃、錢幣＝梅花。可能韋特自己也找不到滿意的對應關係。

士。小廝是一名侍從，男僕，貴族青年；最正確的說法是隨
扈，大致是為騎士服務。但在某些罕見的套牌中，侍從會變
成未婚女子，從而將宮廷牌四人組男女配對。這些圖片自然
具有鮮明的特點，我的意思是，權杖國王跟聖杯國王並不完
全相同，即使已經考量到他們具有不同的象徵物；象徵意義
存在於他們的地位和所屬的花色。包括其他小牌，這些都不
曾在當代以圖像形式發表過，直到今日。它們的圖像取決於
與特定花色相關數字的特定含義。因此，我將保留小祕儀的
細節，等到本書第二部所附的修正完善版塔羅牌再討論。第
三部則是大祕儀和小祕儀象徵符號附帶占卜含義的共識。

第四章

歷史上的塔羅

　　我們接著關心牌卡的歷史，以便一勞永逸解決在神祕學研究流派中長期存在且不斷繁殖的猜測和空想，正如前言所述。

　　讓我們首先點明，是有幾套或幾組古老紙牌，但只有部分與我們有關。我最近重新出版了帕浦斯的《波希米亞塔羅牌》，潤飾了不完善的翻譯，該書在這方面有一些有用的資訊，除了省略日期和其他考古意義的證據，它能滿足一般讀者需求。我不打算在此處大張旗鼓延伸，但確實有必要做點額外補充，也是一種澄清。

　　與塔羅有關的古老紙牌中，首先是大名鼎鼎的巴爾迪尼牌，傳統上認為作者是安德里亞・曼特尼亞[1]，儘管這種觀點普遍不被承認。它的年代推測為一四七〇年左右，據信歐洲

1　這套 15 世紀的義大利牌卡由兩個不知名的藝術家製作。巴爾迪尼
　　（Baldini）是雕刻家，安德里亞・曼特尼亞（Andrea Mantegna）是
　　畫家，兩人都曾被猜想是這副牌卡的作者，故而拿來命名。

現存的藏品不超過四套，一四八五年的複製品或再製品也同樣稀有。完整的牌包含五十個數字，分為五組十進制或十張牌的序列。似乎沒有用它們玩遊戲的紀錄，無論是靠機率或技巧的遊戲；它們幾乎不可能用於占卜或任何形式的算命，而為其明顯的象徵設計賦予深刻的象徵意義，實在沒什麼意義。

　　第一個十進制體現了生活的條件，如下：（一）乞丐；（二）小廝；（三）工匠；（四）商人；（五）貴族；（六）騎士；（七）總督；（八）國王；（九）皇帝；（十）教皇。第二個十進制包含九位繆思女神與其神聖領袖：（十一）卡利俄佩[2]；（十二）烏拉希尼亞[3]；（十三）忒耳西科瑞[4]；（十四）埃拉托[5]；（十五）波林尼

2　Calliope，字面意思是聲音悅耳的，卡利俄佩是掌管英雄史詩的繆思，九位繆思中最年長者。

3　Urania，字面意思是天空的，烏拉尼亞是掌管天文學與占星術的繆思。

4　Terpsichore，字面意思是熱愛舞蹈的，忒耳西科瑞是掌管合唱與舞蹈的繆思。

5　Erato，字面意思是可愛的，埃拉托是掌管愛情詩與獨唱的繆思。

亞[6]；（十六）塔利亞[7]；（十七）墨爾波墨涅[8]；（十八）歐忒耳佩[9]；（十九）克利俄[10]；（二十）阿波羅。第三個十進制將部分人文藝術及科學與其他人類學習領域結合，如下：（二十一）文法；（二十二）邏輯；（二十三）修辭；（二十四）幾何；（二十五）算術；（二十六）音樂；（二十七）詩歌；（二十八）哲學；（二十九）占星術；（三十）神學。第四個十進制補完人文藝術並列舉了美德：（三十一）天文學；（三十二）年代學；（三十三）宇宙學；（三十四）節制；（三十五）審慎；（三十六）力量；（三十七）正義；（三十八）慈善；（三十九）希望；（四十）信仰。第五個也是最後一個十進制呈現天體系統：（四十一）月亮；（四十二）水星；（四十三）金星；（四十四）太陽；（四十五）火星；（四十六）木星；

....

6　Polyhymnia，字面意思是有很多頌歌的，波林希尼亞是掌管頌歌與修辭學、幾何學的繆思。

7　Thalia，字面意思是繁榮昌盛的，塔利亞是掌管喜劇與牧歌的繆思。

8　Melpomene，字面意思是聲音甜美的，墨爾波墨涅是掌管悲劇與哀歌的繆思。

9　Euterpe，字面意思是令人快樂的，歐忒耳佩是掌管抒情詩與音樂的繆思。

10　Clio，字面意思是讚美的，克利俄是掌管歷史的繆思。

（四十七）土星；（四十八）第八界[11]；（四十九）原動力[12]；（五十）第一因[13]。

我們必須擱下從這些十進制裡提取完整塔羅牌序列的荒謬嘗試；我們得克制不去說，好比生活的條件對應大牌，繆思對應金幣，人文藝術和科學對應聖杯，美德等對應權杖，生活條件對應寶劍。這種事可以透過心理扭曲做到，但現實中絕不可能。同時，個別卡片很難不展現出某些驚人的類比。巴爾迪尼牌的國王、騎士和小廝暗中對應小祕儀的宮廷牌。皇帝、教皇、節制、力量、正義、月亮和太陽，在曼特尼亞牌組和任何塔羅的大牌中都很常見。其他傾向還有將乞丐和愚者，金星和星星，火星和戰車，土星和隱士，甚至木星或第一因和塔羅的世界牌聯繫起來。但大牌最顯著的特徵在曼特尼亞牌組中缺失了，我不相信會像有人暗示的那樣，是後者的規則序列孕育出其他序列。羅曼‧梅林[14]堅持這個觀

11　根據神智學，第八界；（Eighth Sphere）也稱為死亡之星，迷失空無的靈魂會被吸進去融解重塑。

12　托勒密引入原動力；（Primum Mobile）概念，指地心宇宙模型中最外部的移動球體，用來解釋天空中星體東升西落的運動現象。

13　第一因（first cause）在哲學中指每個因果鏈最終會追溯到自己創造存在的「第一原因」，也就是宇宙的起源。

14　羅曼‧梅林（Romain Merlin）是法國書商，此說法出自他的作品《撲克牌的起源》。

點，並肯定地將巴爾迪尼牌歸於十四世紀末。

　　此說法若能獲大眾同意，除非一切真是那麼湊巧，而且：

> 1. 乞丐幾乎是赤裸的，跟愚者牌的類比建立在都有兩隻狗，其中一隻正飛撲乞丐的腳。火星牌描繪了一個持劍戰士坐在有天棚的戰車上，然而沒有馬匹拉車。當然，要是巴爾迪尼牌屬於十五世紀末，那問題就不存在了，因為在那之前塔羅牌在歐洲早已為人所知。

　　巴爾迪尼牌象徵性或寓言性的圖片，與塔羅牌只有零零星星模糊和偶然的聯繫，無論它們最可能的年代為何，它們都無法提供任何塔羅的起源動機。因此我們在尋找的，不僅是我們關心的符號起源之時間地點，還有它們在歐洲大陸出現的具體案例，以作為起點，無論是向後或向前。眾所周知，一三九三年畫家格林高諾[15]設計繪製了某種牌卡，好讓患有精神疾病的法國國王查理六世消遣娛樂。這位格林高諾我追溯不到任何來由，但某個漠不關心的英國作家稱他為神祕

15　格林高諾（Jacquemin Gringonneur）是 14 世紀末期的巴黎畫家。

學者和卡巴拉[16]學家。於是引發了一個問題，即是否有東西能證明這些牌卡的性質。我們手邊唯一的答案是，在巴黎的國王圖書館，有十七張畫在紙上附插圖的牌卡，非常美麗、古老和珍貴；人物背景是金色的，邊框是銀色，但它們並未附加任何銘文和編號。

　　但能確定的是，當中包含了塔羅的大牌，表列如下：愚者、皇帝、教皇、戀人、命運之輪、節制、剛毅、正義、月亮、太陽、戰車、隱士、吊人、死神、塔和最後的審判。威尼斯的科雷爾博物館也有四張牌卡，其他地方還有五張，共有九張。它們包括兩張侍者或小廝，三張國王和兩張女王，從而說明了小祕儀牌。這些收藏品向來都被認定是格林高諾繪製的套牌，但早在一八四八年此說法就有爭議，如今顯然也沒有人再提出這點，即使是那些急於證明塔羅歷史悠久的人也是如此。一般認為這些牌卡皆來自義大利，至少有一部分確實起源於威尼斯。藉此，至少在地點方面，我們找到了必要的起點。權威人士進一步指出，威尼斯塔羅牌是最古老且真實的形式，是所有其他塔羅牌之母；但我推斷完整的大祕儀及小祕儀牌組屬於更晚的時期。據信這副牌包含了

16　卡巴拉（Kabbalah）是一套屬於猶太神祕主義傳統的哲學體系，用以解釋永恆的造物主與有限的宇宙之間的關係，可說是西洋神祕學的核心。

七十八張牌卡。

　　不過，雖說人們偏好威尼斯塔羅牌，明奇雅德[17]或佛羅倫斯塔羅牌的某些部分也公認應該歸屬於一四一三至一四一八年間。這些牌卡一度屬於住在米蘭的貢薩加伯爵夫人。一副完整的明奇雅德牌組包含九十七張牌卡，雖然一般而言這是較後期發展的跡證。它有四十一張大牌，額外的數字借用或參考了巴爾迪尼象徵性的牌組。在小祕儀宮廷牌中，騎士是半人半馬的怪物，侍者有時是戰士，有時是僕人。另一個區別是基督教中世紀思想的盛行，以及缺乏任何東方的啟發。然而，問題仍然存在，即塔羅牌中是否有東方思想的痕跡。

　　最後，我們談到波隆那塔羅牌[18]，有時也稱為威尼斯塔羅牌，這套牌組的大牌已完備，但20和21號被調換了。在小牌中，四組花色的2到5號牌被刪減，因此總共有六十二張牌。大牌結束在最後的審判很奇特，作為象徵意義也頗引人注目。據說這套牌是十五世紀初由一位住在城裡的比薩流亡王

17　明奇雅德（Minchiate）塔羅牌（當時稱為 trionfi）發源自佛羅倫斯，
　　也稱為佛羅倫斯塔羅牌，minchiate 是方言裡「胡說八道、廢話」之意。
18　波隆那塔羅牌（Tarocco Bolognese）流行於義大利波隆那，根據記載
　　係用來玩一種塔羅奇尼（tarocchini）遊戲。

子[19]所發明，更正確地說是刪改而已，除此之外這似乎就是全部關於波隆那塔羅牌的必要評論了。一四二三年，錫耶納的聖貝納迪諾[20]布道時反對紙牌遊戲和其他形式的賭博，這個史實證明了當時牌卡顯而易見的用途。四十年後，時值愛德華四世統治期間，紙牌被禁止進口到英格蘭。這是我國對這個主題的首次具體紀錄。

　　要查閱上述列舉牌組的完美範例可能很困難，但找到詳細又附插圖的描述並不難，我應該補充，前提是作者並非一位神祕學者，因為來自該來源的記述通常不完善又模糊，還全神貫注考慮混淆關鍵的問題。「曼特尼亞手抄本」表達的某些觀點就是一例，請容我繼續用這種標題尊稱這個牌組序列。如我們所見，在神祕學的幻想裡，有人認為阿波羅和九位繆思女神對應錢幣花色，但這種類比在實際研究狀態下並不成立；在我們認為天文學、年代學和宇宙學能等同聖杯花

---

19 韋特提到的比薩王子應為 Francesco Castracani Antelminelli Fibbia，他是吉貝林家族後裔，14 世紀中葉從家鄉盧卡（在比薩附近，不知是否韋特誤植）逃亡到波隆那。這位神祕人物的資料因火災已無從考證，僅存一張 17 世紀的肖像畫，底下標記「波隆那塔羅奇尼遊戲的發明者」。

20 聖貝納迪諾（San Bernardino da Siena）出身錫耶納貴族家庭，是義大利神父和方濟會修士，平生四處遊歷講道，曾三度婉拒主教職位，被譽為「義大利的使徒」。

色之前，這種空想已瀕臨惡夢。代表這些主題的巴爾迪尼圖像是他們那個時代的文化特徵，並非是像塔羅這樣的象徵符號。

　　總結這部分，我觀察到專家們傾向認為大牌起初跟編號的花色牌組無關。我不願提供個人觀點；我不是機率遊戲歷史專家，而且我討厭占卜手段的世俗；我冒著重重顧慮大膽指出，倘若後續研究證實了這種傾向，那麼除了古老的算命術及其對所謂命運的玩弄之外，這樣對大祕儀牌會更理想。

　　目前為止是關於塔羅牌歷史方面不可或缺的緒論，我現在要探討這個主題的理論方面並檢驗其價值。在我為《波希米亞塔羅牌》寫的序言中，我提到首位讓塔羅牌的存在為人所知的作家是考古學者古德傑貝林，他在法國大革命前花費數年出版《原始世界》，共九冊的四開本。他是當代的博學之士，一位高級共濟會會員，歷史悠久的費拉勒斯分會成員，也是一位早在專業學科存在之前就對世界古代文化論戰擁有深厚且終生興趣的大師。

　　即便今日，我所收集引用的他的摘記與論文仍然值得擁有。某次他偶然接觸到塔羅牌，當時塔羅在巴黎還鮮為人知，他隨即想像它是一本埃及古書的遺跡。他著手調查，確認它在歐洲大範圍流通，包括西班牙、義大利、德國和法國南部。人們用它來玩一種仿效普通紙牌玩法的機率或技巧

遊戲；他進一步確認了遊戲玩法。但這些牌也用於占卜或算命的更高目的。在一位博學友人的幫助下，他發現了賦予牌卡的重大含義，以及為此目的採用的排列方法。總之，他對我們的知識貢獻卓著，至今仍是參考來源，但僅止於參考事實問題，而非塔羅包含純埃及教義這個受人喜愛的假說。然而，他奠定了一個在神祕學界盛行至今的觀點，也就是在十八世紀末象徵埃及的神祕與奇蹟、眾神奇異之夜、未知語言與未解的象形文字之中，牌卡的起源早已散佚。

就像我們對法國典型文人特色的想像，我們幾乎也能理解和同情，因為當時三角洲和尼羅河一帶的國家已開始廣泛浮現在學術界的關注中，「一切未知皆屬埃及」成為許多人甘願踏上的妄想之路。當時看來情有可原，但這種瘋癲仍然在神祕學著魔的圈子裡持續，至今仍口耳相傳，這就毫無藉口了。因此，讓我們看看古德傑貝林為支持自身論點提出的證據，為求公正，我將盡可能以他的原話概述。

（一）塔羅遊戲的人物和安排明顯是寓言性的。（二）這些寓言符合埃及法律、哲學和宗教教義。（三）若卡牌屬現代，大祕儀裡就不會包含女祭司牌。（四）有疑義的該位人物頭戴伊西斯的牛角。（五）所謂皇帝牌上的權杖頂端是三重十字。（六）名為月亮的牌，也就是伊西斯，發光體在明亮照耀之際灑落雨水或露珠，正如我們所見，此乃伊西

斯之淚，使尼羅河的水洶湧，使埃及的土壤肥沃。（七）第十七張牌，或說星星，是供奉伊西斯的犬星，即天狼星，象徵著一年的開端。（八）塔羅牌遊戲以神聖的數字7為基礎，該數字在埃及非常重要。（九）「塔羅」（Tarot）這個詞是純埃及語，Tar＝路或道路，Ro＝國王或皇家，因此意味著生命的康莊大道。（十）或者，它源自A＝教義，Rosh＝水星＝托特（Thoth），以及冠詞T；總和為Tarosh；因此Tarot就是《托特之書[21]》，或是「水星教義表」。

　　這就是證詞，據悉我已經排除幾個無法提供合理解釋的隨意說法。因此，這些就是支持這個論點的十根支柱，也是十根沙柱。塔羅當然是寓言性的，也就是說它是象徵主義，但寓言和象徵包羅萬象，適用所有國家、民族和時代，在埃及不會比在墨西哥更多，就像它們也屬於歐洲和中國，屬於喜馬拉雅山外的西藏及倫敦的街溝。作為寓言和象徵，牌卡對應了多種類型的思想和事物；它們是普世的，而非特定的；事實上，它們並未特別或罕見地對應埃及的教義，無論是宗教、哲學或法律，這一事實從古德傑貝林未能更進一步成功確認就可清楚看出。大祕儀牌中女祭司的存在，視為某

21　托特是埃及寫作和知識之神，許多學者發現或聲稱存在的古埃及文本都曾被稱為「托特之書」。

些盛行迷信的紀念物更容易解釋，例如：利蘭[22]追溯到的驚人結果顯示，現代義大利仍然延續對黛安娜女神的崇拜。我們也不能忘記每種信仰崇拜裡都普遍存在牛角符號，西藏也不例外。三重十字架作為埃及象徵主義的例子更是荒謬絕倫；它是兩個主教教區的十字架，無論是希臘語或拉丁語區，如威尼斯或耶路撒冷，也是東正教儀式裡神職人員和信徒至今仍然使用的象徵形式。我忽略伊西斯之淚毫無根據的典故，因為其他神祕學作家告訴我們那些是希伯來字母Jods[23]。至於第十七張牌，它可以是天狼星或其他星體，視個人傾向而定；數字7在埃及確實很重要，任何有關數字神祕學的論著都會顯示同樣說法也適用於任何地方，即使我們選擇忽視基督教七聖事[24]和聖靈七恩賜[25]。最後，關於「塔羅」的字源，在

---

22 利蘭（Charles Godfrey Leland）是19世紀美國幽默作家和民俗學家。著有《吉普賽巫術與算命》。

23 Jod（也拚為Yod、Yodh、Jodh）是希伯來文第十個字母，形似一個小點，在猶太教和卡巴拉哲學裡被賦予許多重要意義。

24 傳統定義的七聖事（Sacraments）為：浸禮、堅信禮、聖餐、神職授任、懺悔禮、膏油禮、婚禮。

25 出自《聖經·以賽亞書》11：2，七種屬靈恩賜包含智慧、理解、謀略、剛毅、知識、虔誠和敬畏上主。

羅塞塔石碑[26]發現之前，這個字早已被提出，當時對埃及語言所知甚少，只要觀察到這點就夠了。

　　古德傑貝林的論點並未在那個時代的思潮裡安詳長眠，它僅僅靠四開本的書便吸引了學者。它為塔羅牌在巴黎創造了機會，成為法國和全世界所有法國事物的中心。使用紙牌占卜背後竟有古代隱祕科學出乎意料的根據，而且埃及的奇蹟和神祕還是整個主題的根源，這個聯想幾乎輝映著一種神聖的尊嚴。紙牌占卜從神祕學實務的邊陲蔚為流行，一時之間幾乎以為披上了教宗的聖袍。第一位扮演街頭藝人、魔術師和雜技演員的人，是文盲但充滿熱誠的冒險家艾利耶特（艾泰拉）；第二位是雷諾曼小姐[27]，她像某種女祭司，充滿直覺和啟示，但她屬於較晚的時期；最後是茱莉亞・奧爾西

26　羅塞塔石碑於 1799 年拿破崙占領埃及時期出土，是一塊製作於西元前 196 年的花崗閃長岩石碑，以三種語言刻有古埃及法老托勒密五世的詔書。

27　雷諾曼（Marie Anne Lenormand）是 18 世紀末一位法國著名書商、牌卡占卜師和通靈者，在拿破崙時代非常活躍。19 世紀初德國發行了一套以她命名的「雷諾曼卡」，風行至今。

尼[28]，她被稱為聖杯女王，但穿得是破破爛爛的靈視力[29]。

我並不關心這些算命師，當時命運本身正在為遍地開花的革命遊戲洗牌和切牌，或是為路易十八、查理十世和路易·菲利普一世[30]等皇室及朝臣洗牌和切牌。但在艾泰拉這個神祕稱號下，艾利耶特（名字倒過來拼，唸做艾泰拉）這個髮型師非常認真地將自己定位為神祕學的祭司，而不僅僅是「抽牌藝術」的普通專家。即便到了今日，還有像帕浦斯博士這樣的人，試圖挽救他一部分古怪體系免於湮沒無聞。

《原始世界》這部冗長龐雜的故事在一七八二年完結，一七八三年，多本艾泰拉的小冊子開始如雨後春筍般出版，佐證他已經花費三十年，不，幾乎四十年研究埃及魔法，並找到了最終的鑰匙。這些鑰匙其實就是塔羅牌，它是一本哲學之書和《托特之書》，但與此同時這本書實際上是由十七位魔法師在地中海東方邊境一座火神廟寫成，距離埃及古城

28　茱莉亞·奧爾西尼（Julia Orsini）是 1838 年《偉大的艾泰拉，或抽牌的藝術》一書作者，但研究者提出作者其實是法國出版商布洛克（Simon-François Blocquel），他使用許多化名寫過多本流行小冊子。

29　靈視（clairvoyance）是一種超感官知覺，能透過普通感官之外的管道看見遙遠的人事物（不受時空限制），或看透物體，或感知到人體察覺不到的能量。也稱「遙視」或「透視」。

30　1789 年發生的法國大革命和 1830 年的七月革命，深深影響了這三位法國國王的命運。

孟斐斯大約三里格[31]遠。它包含了宇宙科學，這位紙牌占卜師遂將其應用於占星術、煉金術和算命，對於他在做生意的事實沒有一絲羞怯或遲疑。我根本不懷疑他認為這是真正的專職，他本人就是第一個被自己體系說服的人。但我們要注意的是，塔羅牌的古老性質就是以這種方式被大肆宣揚。艾泰拉的小冊子證明了他甚至不懂自己的語言；一段時日後他推出了一套改良版的塔羅牌，即使是那些對他溫情以待的人，也承認他破壞了塔羅的象徵意義；在古老性方面，他只有古德傑貝林作為整體權威。

占卜師們依我之前提到的方式相繼出現，當然這些細枝末節的奧祕也有相互競爭的專家；但這個主題的學術研究，若真能說已經存在的話，終究六十多年來都停滯在古德傑貝林的四開本上。根據他的權威，毫無疑問，每個透過理論或實踐、偶然或特別的關注來了解塔羅問題的人，都接受了它的埃及特質。據說人們通常會按照自己的價值觀來評價他人，而且，懶得思考的普通思維無疑會依循阻力最小的路線，接受考古學的大膽主張以及膽敢提出的人。法國作家杜

---

31 里格（league）是古時歐洲和拉丁美洲長度單位，三里格換算約 17 公里。

尚[32]似乎是第一個重新思考這個主題的人，寫過一些推論的書籍引起注意，但我不得不略過，且只能簡單提及，英國的辛格[33]對普通紙牌主題的一些有趣研究也是。後者認為，威尼斯的古老遊戲特波拉（Trappola）是歐洲最早的紙牌遊戲形式，源於阿拉伯，用來玩遊戲的五十二張牌卡也源自該地區。我不認為這個觀點曾經受到重視。

杜尚和辛格之後出現另一位英國作家查托[34]，他校閱了這個主題已出現的可用事實和推測疑雲。這是一八四八年，他的作品仍有某種代表性權威，但即使考量獨立思維帶來的某種正當性，此作仍然是平庸甚至糟糕的表現。然而，在即將來臨的十九世紀中葉它還是有自己的魅力。查托拒絕了埃及的假說，但因為他對此著墨甚少，幾乎沒有人認為他要推翻古德傑貝林，假如後者的假設有任何堅實基礎可推翻的話。一八五四年，另一位法國作家博多[35]接手這個普遍的提問，

----

32 杜尚（Jean Duchesne）是 18 世紀末法國藝術史學家、國家圖書館版畫部門保管員，同時也是共濟會聖殿騎士團成員。著有《對撲克牌的觀察》、《塔羅牌遊戲》。

33 辛格（Samuel Weller Singer）是 18 世紀末英國作家和莎士比亞作品學者，著有《紙牌歷史研究》。

34 查托（William Andrew Chatto）是 19 世紀英國作家，著有《紙牌起源及歷史的事實與推測》。

35 博多（Paul Boiteau）是 19 世紀法國作家和政治人物，著有《撲克牌和紙牌占卜》。

堅稱塔羅牌源起東方，儘管他並未試圖證明這一點。我不確定，但我認為他是第一個將塔羅牌明確指向吉普賽人的作家；但對他來說，吉普賽人最初的家園位於印度，因此埃及從來不在他的選項內。

　　一八六〇年，艾利馮斯・列維崛起，他是一位卓越深奧的啟蒙者，令人難以接受又難以擺脫。西方所有宣稱或解釋神祕學和魔法學的聲音中，從未有一張嘴巴宣稱過如此偉大的事情。我想，從根本上來講，他和我一樣既關心又不在意現象的部分，但他大大方方認為只要理由正當，江湖騙術就是達到目的的偉大手段，帶著厚臉皮的自信解釋這些現象。他來到自己的地方，自己的人也接待（接受）了他[36]，予以適當評價，視他為博學之人（但他從來都不是），以及一位揭曉所有奧祕的人，但他本身卻從未被任何奧祕接納。我想從未有過這樣的例子，一個空前絕後擁有偉大天賦的作家，將天賦用在如此無關緊要的地方。畢竟，他只是艾泰拉再次轉生為人，在變身中獲得了一張金口及更廣泛的一般知識。儘管如此，他寫下有史以來所有語言著作中最全面、最出色、最迷人的《魔法史》。他把塔羅牌和古德傑貝林的假

36　此處韋特改寫自〈約翰福音〉1：11，「他到自己的地方來，自己的人倒不接待他。」

說烙印於心，而所有法國神祕圈與英國祕教圈、馬丁主義[37]者、半路出家的卡巴拉學者、所謂神智學[38]的種種學派，那處、這處、到處都信心滿滿地接受了他對塔羅的評斷，就像他對自己只是瀏覽而非研讀卡巴拉偉大經典所做出的詮釋那般有自信。對他來說，塔羅不僅是最完美的占卜工具和神祕學的基石，還是原始之書，古代魔法師唯一典籍，是激發了古代所有神聖作品的神奇之書。不過，列維的第一本作品倒是心滿意足地接受古德傑貝林的塔羅結構，再製了帶有幾許埃及特色的第七張大牌。塔羅是否透過吉普賽人傳進歐洲的問題並未引起他的注意，直到一位非常了解吉普賽人的古怪作家瓦揚[39]在關於這些游牧部落的著作中暗示了這點。這兩位作者幾乎同時出現，之後相互輝映。這個主張持續到羅曼．梅林於一八六九年指出一個明顯事實，也就是在吉普賽人約莫一四一七年抵達歐洲之前，已經有某種紙牌為人熟知。但

37　馬丁主義（Martinism）是流傳於 18 世紀的基督教神祕主義教派，相信墮落的人類喪失了神性之源，必須藉由鍛鍊心靈的歷程以重返神性。

38　神智學協會（Theosophy）是 1875 年創於紐約的新興宗教，奠基於西洋神祕學祕密傳統，並融入印度教、佛教等元素。

39　瓦揚（J. A. Vaillant）是 19 世紀一位法國和羅馬尼亞的教師、政治活動家、歷史學家、語言學家和翻譯家，著有《羅馬人：波希米亞人的真實歷史》。

因為吉普賽人抵達的是德國呂訥堡，加上追溯到更早之前他們已經現身於歐洲其他地方，這個修正說法失去了相當的影響力。因此，更安全的說法是，有關吉普賽部落使用塔羅牌的證據，直到一八四〇年後才被提出；為何在這之前有些吉普賽人已被發現使用牌卡，這是可以解釋的，因為我們假設並不是他們將紙牌帶進歐洲，而是在歐洲發現早就存在的紙牌並將其納入謀生工具。

現在我們得知，塔羅起源於埃及沒有分毫證據。從其他方向看，曾有本地權威提出，大約西元一一二〇年中國發明了某種紙牌[40]。滿懷熱忱的古德傑貝林相信他追溯到了一個估計相當古老的中國碑文，據說提及洪水的消退[41]。此碑刻有七十七個方塊字，構成了和塔羅的類比。印度也有自己的石板，無論是牌卡或其他形式，都暗示了類似的細微相似之處。但是，好比存在十種花色或風格，每種共十二個數字，代表了毗溼奴的化身，如魚、龜、野豬、獅、猴、斧頭、雨傘、山羊和馬，最終，這些都無法幫助我們找到我們自己大

40　西元 1120 年時值北宋徽宗年間。據稱唐代早已發明一種叫做「葉子戲」的紙牌遊戲，有 40 張牌，分為十萬貫、萬貫、索子、文錢四種花色，後來演變為字牌和麻將。

41　此處應為「禹王碑」，最早發現於湖南衡山，碑上刻有古篆文，字分九行，共 77 字，至今難以破譯。據說碑文記述歌頌了大禹治水豐功偉業。

牌的起源，或皇冠、豎琴的由來，甚至也不足以闡明小祕儀牌裡可能的錢幣之存在，像是作為但尼爾的同義詞，或是硬幣的別稱。

倘若每個語言、民族、氣候帶和時期都擁有自己的紙牌，倘若人們用這些牌進行哲學思考、占卜和賭博，這個事實本身就夠有趣了，但除非那些是塔羅牌，否則只能說明人類普遍傾向用或多或少相似的方式追求相同事物。

因此，我結束對這個主題的歷史描述，並重申它在十四世紀之前根本沒有歷史，當時人們首次聽聞紙牌的存在。

它們可能已存在數個世紀，若它們只是為了讓人試試賭運或看看運勢，那麼這個時期已經夠早了；另一方面，若它們包含祕密教義的深層啟示，那麼十四世紀也夠早了，或說至少在這方面我們已盡力獲得資訊了。

第二部
揭開
隱祕的教義

第一章

塔羅
與祕密傳統

　　塔羅牌體現了普世思想的象徵性呈現，背後蘊含了人類心靈含蓄隱約之處，在這個道理上它們包含了祕密教義，也就是對深埋所有意識中的少數真理之領悟，儘管普通人尚未對這些真理表達認可。理論認為祕密教義一直存在，意即它由少數選定之人的意識構思而成；它藉由祕密地代代相傳延續，並以祕密文獻記錄，像是煉金術和卡巴拉哲學的文獻；它也包括在制度化神祕學中，玫瑰十字會提供了歷史上近在眼前的例子，共濟會則是那些能詮釋真正含義的人們現存之概要或普通的紀念活動。在祕密教義背後，人們認為有一種經驗或實踐可證明該教義的正當性。在當下這本手冊中，顯然我能做的不過是陳述這些主張；不過，這些我在其他幾本著作中已詳細討論過，同時本書也計畫探討兩個更重要的面

向，這在共濟會祕密傳統和赫密士主義[1]文獻的專書內也探討過。至於塔羅的主張，別忘了很大一部分被指稱為祕密教義的內容已經出現在煉金術的圖像象徵中，因此被指稱為《托特之書》的圖像象徵絕不會是這類象徵的單一發明。正如我在他處詳述過的，煉金術分兩類，我提到的圖像象徵二類皆通用。其物質層面體現在曼傑多斯[2]編印的巨大對開本《無聲書[3]》裡的奇異象徵。書中有十四塊版銅版雕刻，展示了各種化學容器中物質的不同階段，描繪了轉化的偉大功業之表現過程。這些容器上方有神話、行星、太陽和月亮的符號，根據赫密士教義，彷彿主掌金屬王國發展與完善的力量及美德正積極介入，以協助下方辛勤勞動的兩個施作者。耐人尋味的是，施作者為一對男女。煉金術的精神層面則在《羊泉

1　赫密士主義（Hermeticism）奠基於一塊翡翠石板，傳說上面文字出自「三重而偉大的赫密士」（希臘神祇赫密士與埃及神祇托特的融合），記載煉金術、占星術與神通術三種宇宙智慧。最早出現在阿拉伯語著作，12 世紀譯為拉丁語，17 世紀由牛頓譯為英文。赫密士主義影響西方祕教傳統甚深，也間接影響了現代科學發展。

2　曼傑多斯（Johann Jacob Mangetus）是 17 世紀日內瓦的醫生和作家，以研究鼠疫和結核病等流行疾病聞名，著有重要煉金術作品《奇特的化學圖書館》。

3　《無聲書》（*Mutus Liber*）是一部重要的赫密士主義作品，也是重要的煉金術作品之一。1677 年於法國首次出版，1702 年在日內瓦重新印刷並附新插圖，曼傑多斯是編輯之一。

書[4]》更奇異的象徵中得到闡述，我對此已初步解釋過，讀者可自行參考[5]。這本小書蘊含了所謂神祕或天然長生不老靈藥的奧祕，即靈魂與精神在得道的賢者體內彼此「成親」，以及作為這種結合的物理結果所產生的身體轉化。我從未在其他作品中見過比這本小書更奇特的暗示；事實上，比起以最激烈的批評斷定的塔羅牌在歐洲普遍流通的最晚日期，這兩本小書的時間要晚得多；它們分別屬於十七和十六世紀末。既然此處我並非光憑想像刷新事實和經驗，我並未暗示塔羅牌是以圖像表達祕密教義的典範，並被赫密士主義作家效仿，但顯而易見它或許是這門藝術最早的例子。它也是最兼容並蓄的，因為它並非任何一種神祕學流派或文學的衍生物，它並非源於煉金術或卡巴拉，也非占星術或儀式魔法；如我所說，它透過共通類型呈現普世思想，正是在這些類型的結合之下（要是有的話）呈現了祕密教義。

　　根據假設，這種結合可能存在於數字序列中，或是透過洗牌、切牌和發牌獲得的偶然牌組，就像玩一般紙牌機率遊

4　《羊泉書》（*Book of Lambspring*）據信是德國煉金術師 Lampert Spring 寫於 1625 年的煉金術小書，附有 15 幅圖解，最初以手抄本流行，後來譯為拉丁文。

5　韋特在 1908 年《神祕學評論》中點評過《羊泉書》，文章標題為「煉金術的圖像符號」。

戲一樣。兩位作家對第二種觀點並無偏見，但他們採納了第一種觀點，或許我最好立刻駁斥他們的說法。麥格雷戈・馬瑟斯[6]曾出版一本關於塔羅牌的小冊子，主要關於占卜，他提議二十二張大牌可按照數字順序構成其所謂的「連貫句」。事實上，他認為這是人類意志之道德論的標題，它們由科學啟蒙（以魔法師作為代表），由行動顯現（此重要含義歸於女祭司），在慈悲的善行中實現（女皇），這些特質被分配給了皇帝；他也以熟悉的傳統方式提及審慎、剛毅、犧牲、希望和終極幸福。倘若這就是塔羅牌的訊息，那無疑今日根本沒有理由出版它們，或以一定篇幅費勁闡釋了。帕浦斯博士以滿腔熱誠撰寫《波希米亞塔羅牌》，在字裡行間不遺餘力的思考研究，但不幸缺乏真正的洞察力，他在書中提出了一個大牌獨特的複雜架構[7]。如同馬瑟斯先生的觀點，它取決於牌的數字順序，但展示了它們在神聖世界、宏觀世界和微觀世界之間的相互關係。藉此方式我們得到了人的靈性歷程，或說是靈魂從永恆誕生、透過物質身體的黑暗，最終返回高處。我認為作者在此相當接近正軌，他的觀點就此程度

....

6 麥格雷戈・馬瑟斯（MacGregor Mathers）是 19 世紀英國神祕學學者，
　　祕密組織「黃金黎明協會」創始人之一。

7 帕浦斯的核心思想是透過「四字神名」的字母 YHVH 來統一大牌和
　　小牌。小牌還算合理，但用在大牌上相當複雜且無法處理愚者牌。

來說頗具見聞，但他的方法在某些方面混淆了問題和存有的模式及層面。

　　我提過的另一種方法也詮釋過大牌，大東方[8]在他的《紙牌占卜手冊》中，採用偽裝的超驗占卜模式，當牌卡以洗牌和發牌方式排列成隨機的牌組時，確實提供了某種牌卡解讀的結果。無論出於何種意圖和目的，使用占卜方法都伴隨兩個啟示。人們可能會認為更深層的含義是人為賦予牌卡的，而非真實本有，這一點可透過某些牌卡的事實加以駁斥，像是魔法師、女祭司、命運之輪、吊人、塔或上帝之家，以及其他無法對應生活條件、藝術、科學、美德或包含在巴爾迪尼牌象徵圖像十進制裡其他主題的牌卡；它們也確切證明了明顯和天然的道德體系無法解釋大牌的序列。這些牌卡以另一種方式證明了自身；儘管我在塔羅歷史方面留下更形艱難的情況，因為也更加開放了，但它們指明了我們關心的真正主題。這些方法也顯示至少大牌是適應變化被拿來算命，而不是原本就屬於算命。第三部分將提供的常見占卜含義絕大多數是任意的歸因，或是次要且未經指導的直覺產物；或者，它們最多屬於主題的較低層次，與最初的意圖無關。若塔羅牌的本質是算命，那我們就得在非常詭異的地方

8　Grand Orient，韋特的化名。

去尋找發明它的動機，得往巫術和女巫安息日集會的方向去，而非祕密教義。

塔羅牌在上層世界和下層世界附帶的兩類含義，以及並無神祕學或其他作家試圖賦予小祕儀牌除了占卜含義之外的任何意義，這些事實以另一種方式證實了假設：這兩個系列不屬於彼此。可能是我在第一部分提到的比薩王子在波隆那塔羅牌中首次促成它們的聯姻。據說其發明讓他在收留他的城市獲得公眾認可和獎勵，即使是在那些荒謬的時代，這也不太可能，畢竟他製作的塔羅只是省略掉幾張小牌而已。但由於我們正在處理一個無論如何得以某種方式解釋的事實問題，可以想像得到，藉由將賭博用小牌結合哲學性大牌，以及藉由將兩者應用在機率遊戲上，這很可能早已造成轟動。之後，它可能又進一步應用在被稱為算命的另一種機率遊戲上。此處應理解的是，我並不否認占卜的可能性，但作為一個神祕主義者，我對於致力將人們引入此道不以為然，彷彿這些外道與神祕的探索有任何關係。

隨本書《韋特塔羅圖像解讀祕鑰》一併發行的塔羅牌，由帕蜜拉・科曼・史密斯小姐繪製著色，我想人們會認為設計和執行都非常引人注目又美麗。本書的大開本裡，重現了這些牌卡以作為參考文本的方式。它們在許多重要方面不同於過往傳統的仿古風格，也不同於時下從義大利傳來的賣

書郎的糟糕印刷品，我仍須證明它們關於象徵的變異是合理的。我呈現的是當代破天荒由藝術家創作的一套牌卡，我認為，即使對於那些曾被描述並自稱「非常神祕學」的人（要是我們當中還有的話），我也理直氣壯無須道歉。如果有人看一眼查托《紙牌起源及歷史的事實與推測》中某一頁印製的華麗塔羅牌侍者或小廝，他就會知道義大利在過去生產了一些出色的牌組。但願我能以相同風格和尺寸發行修復及修正過的牌卡；這樣的做法本來能更充分地展現設計，但事實證明對於與紙牌相關的實際用途，結果將變得難以掌握，無論我對此有何看法，都必須斟酌[9]。至於影響設計的象徵主義之變異，我負全責。就大祕儀牌而言，它們肯定會引起學生間的批評，無論是實際或刻意為之。因此，我希望在研究交流中保留禮貌和最高禮節，我對任何可能表達的觀點都毫不在意。關於塔羅牌，存在著祕密傳統及蘊含的祕密教義；我已遵循其中一部分，但並未超出這類事物的界限，這些界限屬於榮譽法則。這個祕傳分兩部分，其中一部分已被記錄下來，似乎隨時可能洩漏，但這不重要，因為正如我所暗示，第二部分當前還未被如此傳遞，確實只有少數人持有。那些

9　根據大英博物館資訊，原始版「韋特—史密斯塔羅牌」尺寸為 12.6 x 6.6 公分，韋特可能希望再大一些，但他必須考慮實用度。

提供贗本和販賣贓物的人，如果願意請謹記這點。此外，近年有兩、三位作家認為他們有資格暗示如果他們想要還能講得更多，我要求和他們區分開來，因為我們不講同一種語言；也要求與任何現在或將來可能會說她或他要坦露一切的人區分開來，因為他們的公開揭露只有意外，沒有必要的基本要素。若我遵循了羅伯特・伯恩斯的忠告，將一些「幾乎不告訴任何人」的事情保留給自己[10]，我仍然能說的都說了；它是照自身方式表達的真理，盡可能滿足圈外人的期待或需求，但不能期待這些圈外人擁有特殊研究的資格。

　　至於小祕儀牌，他們是現代（但並非從古至今）第一副附插畫的牌卡，包括所謂的「點」，也就是每組花色牌面上計算數字的物品；這些圖案對應擷取自多種來源的占卜含義。總而言之，本書目前這部分專門討論大牌；闡明大牌關於更高目的的象徵符號以及參照牌組的設計。第三部分將提供七十八張塔羅牌的占卜含義，特別參照小祕儀牌的設計。最終，它將為需要的人提供一些使用模式，原因我已在〈序言〉解釋過。以下所述應連結第一部分有關舊版塔羅大牌的一般描述，以進行比較。你會看到0號牌「愚者」一如既往

10　羅伯特・伯恩斯（Robert Burns）是 18 世紀蘇格蘭詩人。此處出自他 1786 年的詩作〈致年輕朋友的書信〉。

被分配到等於第21號牌的位置。這個安排並不太重要，它表面看來很荒謬，從象徵意義來看也不正確，但把它放在序列第22號牌的位置也沒有比較好。艾泰拉意識到這兩種歸類的困難，但他把愚者分配到通常由錢幣王牌占據的位置，作為整組塔羅系列最後一張牌，這只會更糟。帕浦斯最近在《塔羅牌占卜》一書中依循了這種重新排列，當中的混亂並不重要，因為占卜結果取決於牌卡偶然的位置，而非牌卡一般順序中的基本位置。我還看過零號牌另一種分配方式，在某些情況下無疑成立，但在最高的層次上失敗了，對我們目前的需求，進一步研究毫無意義。

第二章

大牌及
蘊含的象徵

◆ 1. ◆
魔法師

　　一位身穿魔法師長袍的年輕身影，神情猶如太陽神阿波羅，帶著自信的微笑和神采奕奕的雙眼。他頭上有著神祕的聖靈符號，象徵著生命，如一條無盡的細繩，形成水平的數字8。他的腰間繫著一條大蛇，蛇似乎在吞噬自己的尾巴。這是眾所周知代表永恆的傳統符號，但在此處，它尤其意味著在精神層次實現永恆。魔法師右手高舉魔杖指向天空，左手指向大地。

　　這個雙重符號在高階制度化神祕學裡相當知名；代表了由上降下的恩典、美德和光明，汲取自上天並傳遞至后土。因此，它在在暗示著擁有並傳達聖靈的力量與恩賜。魔法師前方桌上有四組塔羅牌花色的符號，代表自然生命的元素（譯按：地、水、火、風），像擺在煉金術行家面前的籌碼，讓他恣意變用。牌面下方的玫瑰與百合即flos campi和lilium convallium[1]，在此處化為花園裡的花朵，以呈現對更高精神追求的嚮往。這張牌顯示了人內在的神聖動機，反映著神的存在，人類擁有與天上的神結合以獲得解放的意志。

....

1　Flos campi 拉丁原文意謂「野地之花」，lilium convallium 意謂「山谷百合」，記載於《聖經‧雅歌》2：1，和合本中譯為「沙崙的玫瑰」和「谷中的百合花」。Flos campi 實際花種已不可考，有研究者提出更可能是水仙花或番紅花，因《聖經》時代位於以色列沿海的沙崙平原並未引進薔薇屬的玫瑰品種。《聖經》新譯本（CNV）中已改譯為水仙花。

此牌也代表了個體在所有層面上的合一，就更高深的意義來說，合一就在不斷修復人與神性的連結中。

進一步談到我所謂的生命符號及其與數字8的關聯，諾斯底教派將基督復活轉化稱之為「回歸第八層天界[2]」。這個神祕的數字被稱為上天的耶路撒冷，乳與蜜之地，聖靈和上帝的國度。根據馬丁主義，8是基督的數字。

2　Ogdoad（希臘文，意謂數字 8），是古埃及神話中的八位創世神。此概念也出現在早期基督教時代的諾斯底思想（Gnosticism），其思想體系包含「七個天界」，其上有一層天外天被稱為 Ogdoad。

✦ 2. ✦
女祭司

　　她的腳邊有一彎月牙，頭上的冠冕帶角，中央是一顆球體，胸前掛著碩大的太陽十字符號[3]。她手中的卷軸寫著Tora[4]，意味著律法、祕法，以及神之語的第二層含義。她的披風遮住了一部分卷軸，顯示有些事物是隱含的，有些是明示的。她端坐在神殿白色與黑色的柱子（J.和B.）[5]之間，背後是神殿的帷幔，繡著棕櫚和石榴。身上的聖衣飄逸輕盈，披風隱隱散發閃爍的光輝。她向來被稱為神祕科學本身，近乎伊西斯女神聖殿般的存在，但她實際上是神祕教會，是屬於神和人的家。她還代表了脫離俗世的聖子第二次婚姻的新娘[6]；她是靈性的新娘和母親，是星辰的女兒，是更高的伊甸

3　韋特版本的女祭司擷取了一部分古埃及伊西斯女神的象徵。伊西斯的頭飾是一對牛角和日盤，她也是自然和魔法的守護神。

4　此處「Tora」應指《妥拉》（Torah），也稱律法書。妥拉的字面意思為指引，涵蓋所有的猶太教律法與教導。

5　根據《希伯來聖經》記載，公元前 960 年所羅門王在耶路撒冷修建了第一座聖殿，門廊上有兩根銅柱，分別是黑柱 Boaz（祂必豎立之意）和白柱 Jachin（在祂裡面有力量之意）。

6　此處原文是 Prince，《聖經・以賽亞書》9：6 提及耶穌基督乃和平的君（Prince of Peace）。韋特所謂「第二次婚姻」可能的解釋：一是聖經中曾以「基督的新娘」暗喻教會，意旨耶穌與教會（信徒）的關係猶如新郎與新娘的連結，女祭司則是靈性層面的教會（新娘）；二是部分基督教神祕主義（尤其諾斯底教派）認為耶穌娶了抹大拉的馬利亞，將天堂的鑰匙交給了她，稱她「知曉萬物之女」，她是真正繼承耶穌精神權威的第一位教皇，而非聖彼得。女祭司是教會的靈性層面的象徵。

園。總之，她是借來之光[7]的女王，此乃光中之光。她是由神聖母親的乳汁滋養的月亮。在某種程度上，她也是神聖母親本身，亦即她是光的映照。在此意義上，她最真實、最崇高的象徵名稱是Shekinah，即「同住的神之榮光」。

　　根據卡巴拉哲學，形而上和形而下的世界都存在著Shekinah。在形而上的世界，它被稱為Binah，也就是神聖的理解（understanding），映照出神向下流溢的其他屬性。在形而下的世界，它被稱為Malkuth，該字被理解為受到祝福的王國，在其中受到祝福的存有即是聖靈居住的榮光[8]。

　　就神祕學而言，Shekinah是正義之人[9]靈性的新娘，當她誦讀經文時會賜予她神聖的含義。

　　在某些方面，這張牌是大祕儀牌中最崇高也最神聖的。

7　審訂注：指需要藉由太陽才能發光的月亮。
8　在卡巴拉體系中，宇宙的源頭能量（自我顯現前的上帝）流溢出十個質點（Sefirah）彰顯自身的意志，創造了世界，也就是生命樹的結構。頂端的三個質點是神聖、超越空間的存在，分別是Kether（王冠）、智慧（Chochmah）和理解（Binah）。Binah被認為是造物主原始的陰性能量。最底端的第十個質點是Malkuth（王國），也稱作Shekinah，是與神聖意識世界鏡像映射形成的物質世界。「神聖陰性」居住在祂的子民之中。
9　審訂注：在宗教中稱為「義人」，指活出基督的信仰者。

✦ 3. ✦

女皇

　　端坐的莊嚴身影，衣袍華麗，帶有王者風範，猶如天堂與人間的女兒。她的王冠上有十二顆星星，聚成一簇。身旁的盾牌刻有維納斯的符號。她面前那片玉米田正在成熟，遠處有一道瀑布。她所持的權杖頂端是代表這個世界的球體。她是次於上帝所造的伊甸園，人間的樂園，象徵人類具體能擁有的一切。

　　她並非「天堂之母」，但可說是「罪人的庇護所[10]」，孕育了千千萬萬的生命。在某些方面，她也被正確地描繪為欲望及其翅膀，或「穿戴陽光的女人」，或「世間的榮耀」和「至聖所的帷幕」；但容我補充，她並非長出翅膀的靈魂[11]，除非所有的象徵都以不尋常的方式重新解讀。

　　最重要的是，她是世間萬物豐饒的繁殖力，也是神之語的外顯意義。這很明顯，因為男性從未被神直接賦予訊息，一如女性能孕育神的訊息那樣；但女皇本身並無法解讀神的話語。在另一種觀念中，女皇牌象徵人們通往此生的門或大門，就像通往維納斯的花園；然而，通往人生另一端出口的路，即超越此生之路，是女祭司才知曉的祕密：由她祕密傳

10　審訂注：罪人指的是所有人。亞當和夏娃偷吃禁果後，人就擁有了本罪。在基督宗教裡就稱人為罪人。

11　馬賽塔羅牌中的女皇手持盾牌與權杖坐在寶座上，某些後來的塔羅牌將她背後的椅子詮釋為翅膀，韋特在此否定此說法。

授給被選上的人。過往大多數歸類在女皇牌身上的解釋，在
象徵意義上完全錯誤，例如：將女皇牌等同於神之語、神性
本質、三位一體等等。

✦ 4. ✦

皇帝

THE EMPEROR.

他手持生命之符[12]的權杖，左手拿著一顆球。他是加冕的君主，威風凜凜，莊嚴肅穆，端坐於寶座上，扶手裝飾著公羊頭。他是執行者和實現者，是這個世界的力量，帶著與生俱來崇高的特質。他偶爾會被描繪為坐在一塊立方體岩石上，這讓一些論點變得混淆。他是陽剛的力量，對應女皇牌。在此意義上，他是試圖揭開伊西斯面紗[13]的人；然而她仍保持處子之身。

我們應當了解，這張牌和女皇牌並未確切代表婚姻狀態，儘管暗示了這種情況。如我所指出的，表面上他們象徵世俗的皇室，高坐權力之位；但在這之上，還有另一個存在的暗示。他們（尤其是男性形象）還象徵著更高的王權，占據智慧的寶座。於此，他們主宰的是思想而非動物世界。除了他們本身的樣子，這兩個人物都「充滿奇異的經歷」，但他們並非有意識地從更高的世界汲取智慧。皇帝牌被描述

12　原文為拉丁文 Crux ansata，意思是有柄的十字，一說起源於埃及象形文字「安卡」（Ankh），意思是生命之符。

13　此處伊西斯令人聯想到女祭司，暗示皇帝牌與靈性層面無涉。17 世紀末到 19 世紀，文學與藝術領域盛行以「揭開伊西斯的面紗」作為母題，託寓啟蒙運動時期人們在科學與哲學領域揭開自然的奧祕。18 世紀末開始有作家以此暗喻「揭曉令人敬畏的宇宙真理」。神智學會創辦人之一的 Helena Blavatsky 便於 1877 年出版《揭開伊西斯的面紗》（*Isis Unveiled*）一書。

為（一）意志的具體形式，但這只是其中一種應用，以及
（二）含有造物主的虛擬化身──但這只是幻想。

5.

教皇

　　他戴著三重冠冕，坐在兩根柱子中間，但它們並非由女祭司守護的神殿之柱。他左手拿著一根末端為三重十字的權杖，右手是著名的基督宗教手勢[14]，這個手勢本身就很神祕主義，區分了教義中顯明和隱蔽的部分。值得注意的是，女祭司與其毫無關聯。他腳邊是一對交叉的鑰匙，兩名身著白袍的神父跪在他面前。他通常被稱為教宗，這是他所象徵的一般神職工作的某種特殊稱謂。他統領宗教的外在形式，就像女祭司是主宰隱祕、超然力量的天才。

　　這張牌的正確含義可悲地遭到各方看法的混和。大東方認為教皇是鑰匙的力量，是對外傳授的正統教義，是通向教義生活的外顯層面；但他絕非神祕學教義的巨擘，如另一位評論家所推測的那般。他更像是當教義嚴謹表達出來時的《神學大全[15]》；但他也象徵了所有顯化的正義和神聖的事物。因此，他是連結神聖恩典的管道，屬於組織團體的世界，有別於宇宙自然的世界，他也是拯救普世人類的領袖。

　　他是公認階級制度的秩序和領袖，這也反映了另一層

14　在羅馬教會和東正教的耶穌聖像中，經常見到這個右手大拇指朝上，食指、中指向上，無名指、小指垂下的手勢，一說是耶穌賜福於人，一說象徵三位一體。

15　《神學大全》是 13 世紀義大利哲學家托馬斯阿奎那（Thomas Aquinas）集學識大全的代表作，歸納了天主教的重要教義。此處原文提及的是 1663 年的版本《Summa Totius Theologiae》。

更偉大的階級秩序；但教皇可能會忘記這種象徵狀態的重要性，而表現得好像他擁有身上符號所意味的一切，或他所象徵的形象體現的一切。他並非人們通常認為的那樣是哲學本身（除了神學方面）；他不是靈感；他也不是宗教，儘管他是宗教的一種表達方式。

　　太陽在天頂照耀，下方有個長了巨大翅膀的身影，敞開雙臂向下賜福。前景是兩個人，一男一女，一絲不掛站在彼此面前，彷彿亞當和夏娃起初住在人間樂園時的樣子。男人身後是生命樹，結了十二顆果子；女子身後是知善惡樹，蛇纏繞著樹身。這兩人令人聯想到青春、童貞、純潔，以及遭受粗俗的物質欲望汙染之前的愛情。簡而言之，這是一張人類之愛的牌卡，展示了真理與生命部分道路。

　　訴諸已知的基本原則，這張牌取代了我先前描述過的婚姻牌，以及後來那些將人描繪於罪惡與美德之間的愚蠢作品。就崇高的意義來說，這張牌是契約與安息日的奧祕。關於這名女人暗藏的訊息是，她意味著人對於感官生活的迷戀，這種迷戀中帶有人的墮落之概念，但她其實更像是上帝干預的神祕運作，而非自願或有意識地成為誘惑男人的女性。藉由這個被歸罪於她的過失，男人最終才能提升，只有透過她，他才能完成自己[16]。

---

16 諾斯底思想認為，偽神創造了這個不完美的世界，還禁止人類吃下智慧之果，打算讓人類永遠處於無知狀態。但人類在蛇的幫助下得到了真知，才得以對抗邪惡的偽神。在此意義下夏娃反而拯救了亞當。

　　因此，這張牌某方面又是一個關於女性偉大奧祕的暗示。舊的牌義想當然耳隨著舊的牌面插畫分崩離析，但即使是後者的各種詮釋，大抵有些是陳腔濫調，其他則充滿錯誤的象徵。

　　一個挺拔高貴的人物，手持出鞘的劍，大致上與我在第一部分給出的傳統描述相符。勝利的英雄肩上的物件應該是烏陵和土明[17]。他擄掠了仇敵[18]，征服了所有層面：心智、科學、進步、某些入門考驗。於是，他回答了史芬克斯，基於這個原因我接受了艾利馮斯・列維的變動；從而讓兩隻史芬克斯拉他的戰車。

　　他最重要的是在心智上戰勝一切。為此我們應當了解：（一）史芬克斯的問題與宇宙自然的玄奧有關，而非神造的恩典世界，戰車的駕駛答不出牠的問題；（二）他征服的是外顯或外在的層面，而非自己的內在；（三）他所達成的解放可能會讓自己陷入邏輯理解的束縛；（四）他成功透過的入門考驗要從物理層面或理性層面解讀；（五）如果他來到女祭司坐鎮的神殿柱子前，他無法打開名為Tora的卷軸，要是她提問，他也無法回答。他不是世襲的皇室成員，也不是神職人員。

17　烏陵（Urim）與土明（Thummim）希伯來語原意為「光明」和「完全」，最早出現在舊約《聖經・出埃及記》20：30，大祭司亞倫到耶和華面前時必須「將烏陵和土明放在決斷的胸牌裡」，咸信是一種用來辨明神的旨意獲得啟示的工具（可能類似擲筊的作用）。烏陵和土明的樣式或用法已不可考。

18　出自《聖經・以弗所書》4：8。

　　一個女人，頭上孵育著我們在魔法師牌見過的象徵生命的符號，她正闔上獅子的下顎。

　　本牌面設計與傳統外觀唯一不同之處在於，她仁慈的剛毅已經制伏了獅子，她用鮮花做成的鏈條牽著牠。

　　基於滿足我個人的理由，這張牌和通常編號為8的正義牌互換了。由於這個變動對讀者沒有任何意義，在此便無須解釋。

　　剛毅最崇高的特點之一，是和連結神性的奧祕有關；當然，這種美德在所有層面都能派上用場，因此也獲得各種象徵意義。「抱誠守貞[19]」以及「存於冥想的力量」，也和剛毅有關。

　　然而，這些更高層次的含義都是推論而已，我也沒說這些在牌面上顯而易見。在許多其他象徵事物中，這些含義以隱蔽的方式，透過鮮花的鏈條暗指當人們內心深處對神聖的律法深信不疑，它也就成為甜蜜的桎梏和輕微的負擔。

　　儘管有人提出這種聯想，這張牌和所謂的自信無關——它涉及的是那些以上帝為力量、在祂裡面獲得庇護者的信心。

....

19　原文為拉丁文 innocentia inviolata，直譯為「不受侵害的純貞」。當人面臨道德衝突或威逼利誘下，仍能如如不動保持內心的正直純真，便是剛毅的美德。

在某一方面獅子意味著強烈的情感，被稱為「力量」的女人是解放的更高本質。這樣的力量踩過了毒蛇和蛇怪[20]，踏倒了獅子和巨龍。

---

20 蛇怪（Basilisk）是一種雞身蛇尾的怪物或有羽翼的巨型蜥蜴，在希臘和歐洲傳說裡是所有蛇類之王，能以眼神致人於死。

✦ 9. ✦

隱士

IX

THE HERMIT.

這張牌與傳統樣式唯一的不同，只在於提燈人的披風並沒有遮住一部分的燈，他是「亙古常在者[21]」與「世上的光[22]」的混和體；一顆星星在燈盞裡閃耀。我說過這是一張造詣成就之牌，為了延伸這個概念，你可以看見此人站在高處高舉手中的明燈。因此，隱士並不像古德傑貝林解釋的那樣，是一個尋求真理正義的聖賢；隱士也不像後來提出的解釋那樣，是一個經驗的特例。他手中的明燈默示了「我在哪裡，叫你們也在哪裡[23]」。

進一步來說，將這張牌連結到為了保護個人磁場免受混雜而隱祕避世的觀念，這種理解錯得離譜。這都歸功於艾利馮斯・列維，這是他輕佻愚蠢的詮釋之一。這種詮釋被法國馬丁教派門徒會採納，我們有些人已經聽過很多「靜默未知的哲學」，裏藏在披風下好跟俗世知識隔開。

．．．

21 原文為 Ancient of Days，出自《聖經・但以理書》7：9，內文為先知所見到的神異象，並以「衣服潔白如雪，頭髮如純淨的羊毛」來描述了亙古常在者。韋特似是要以此來說明隱士的白髮老者形象。

22 原文為 Light of the World，出現在《聖經・馬太福音》5：14，耶穌以此稱呼門徒；並以此章節來說明隱士手上的燈的意義。5：15-16「人點燈，不放在斗底下，是放在燈臺上，就照亮一家的人。你們的光也當這樣照在人前，叫他們看見你們的好行為，便將榮耀歸給你們在天上的父。」

23 出自《聖經・約翰福音》14：3。

在真正的馬丁主義中，「未知的哲學[24]」一詞的意義是另一回事。它不是指刻意隱藏的制度化神祕學，更非它們的替身，而是就像這張牌本身指出一個事實：神聖的奧祕會自我保護，不讓毫無準備的人接近。

24 此處原文為 Philosophe Iinconnu，是 18 世紀法國哲學家 Louis Claude de Saint-Martin 的筆名，他反對馬丁主義思想導師 Martinez 提倡以通神術魔法儀式重返神性本源，認為應該透過心靈的途徑，強調內在冥想的重要。

✦ 10. ✦
命運之輪

　　我再次沿用了艾利馮斯‧列維重新打造的象徵符號，他提出了幾種變異。

　　如我之前暗示的，埃及象徵符號有助於我們的目的時，使用它們很合情合理，前提是當中沒有暗藏塔羅牌起源的理論。不過，我決定以蛇的形象來呈現「提豐」（Typhon）。

　　這張牌的象徵當然並非全來自埃及，以西結所見的四活物占據了四個角落。輪子本身則沿用了列維關於以西結所見異象的其他建議[25]，以說明特定的塔羅牌關鍵。

　　對法國神祕學者及牌面本身的設計而言，這個象徵性的圖形代表流動的宇宙永恆地不斷運動，人類的生命也不斷變動；史芬克斯則是當中的平衡點。

　　車輪上刻著能將Taro轉寫為Rota的四個字母[26]，中間交錯著神的名字[27]，以呈現萬物當中都暗藏了造物主的意志。

　　但這是內在的神聖意圖，外在的相似意圖則由四活物作

25　以西結見到的異象中，四活物身邊各有一個觸地的輪子，「閃耀如水蒼玉，又好像輪子套著輪子。」

26　T、A、R、O四個字母可組成「ROTA」輪子（拉丁文）；「TARO」塔羅；「ORAT」述說（拉丁文）；「TORA」女祭司手中的律法書（希伯來文）；「ATOR」埃及愛與美的女神哈托爾。「黃金黎明協會」創始人之一馬瑟斯認為，這代表「The Wheel of Tarot speaks of the law of Love」（塔羅之輪述說愛的律法）。

27　T、A、R、O中間穿插了代表「四字神名」的四個古希伯來字母。

為例子。

　　有時，史芬克斯會被描繪成俯臥在上方的底座，這種呈現坑騙了原本的象徵意義，讓最根本的概念，也就是變動中的穩定變得愚蠢失當。

　　在符號表露的一般觀念背後，還存在著對機運的抗拒以及當中隱含的宿命。

　　再補充一點，從列維以來，人們對這張牌的神祕學解釋，甚至對神祕學本身，都不可思議地愚昧。這張牌曾被說成代表原則、繁殖力、陽性的榮耀、當權者等等。

　　普通算命對這張牌的發現，就他們本身水準而言，都還比上述要好。

　　由於這張牌遵循傳統的象徵，所有顯而易見的意義都在牌面上，因此除了第一部分中列舉的少數考量之外，幾乎沒有什麼可說，讀者可參考前述。不過，可以看到這位人物像女祭司一樣坐在柱子之間，因此，似乎有必要說明：根據個體所作所為加諸到身上的道德準則（當然，嚴加推論也包括更高的事物），在本質上和靈性的正義不同，後者包含了揀選的概念。

　　後者屬於上帝對宇宙進行干預的神祕秩序，因此可能會有一些人構思出為了至高無上的事物奉獻的概念。

　　天意的運作就像聖靈想往哪裡吹氣就往哪裡吹，我們對此完全沒有評判的標準或解釋的根據。

　　好比詩人擁有仙子賜予的天賦、靈性直覺的天賦和神恩賜的天賦：我們有或沒有這些，天賦來或不來，都一樣是個謎。

　　然而，無論有或沒有、來或不來，任何一種都不涉及正義的法則。

　　總之，正義之柱通往另一個世界，而女祭司之柱通往另一個世界[28]。

28　韋特認為這張牌的正義純粹是人道法則，好比道德規範或法律，不牽涉奧祕的自然法則。以東方思想舉例，人類無法參透天道如何平衡業力（karma）、無從得知心念或行為如何或何時會結成善果或惡果；天道（神的律法）屬於女祭司管轄的範圍，只有「擇選之人」能夠一窺堂奧。

懸掛他的絞刑架形成一個T形十字，從腿的位置來看，這個人物形成了一個萬字形十字架[29]。

這個看似是殉道者的人頭上有一圈光環。需要注意的有：

（一）這棵獻祭之樹是有葉子的活木；

（二）他的神情顯得陶醉，而非受苦；

（三）整體來看人物暗示了懸而未決停滯的生命狀態，仍有生機，並非死亡。

這是一張意義深遠的牌，但所有意義都被掩藏了起來。

艾利馮斯‧列維的一位編輯表示，列維不懂這張牌的含義，這是無庸置疑的，連編輯本人也不知道。這張牌被錯誤地解讀為殉難犧牲、審慎、偉大功業、責任義務等意義；但窮盡所有已發表的詮釋，我們可能只會找到徒勞的空虛。

就我個人而言，我會非常簡單地說，在某層面上，這張牌表達了神和宇宙之間的關係。

這個象徵嵌入了個體更高本性的描述，能理解這層含義的人，將會接收到關於可能的偉大覺醒的暗示，也會知曉在神聖的死亡奧祕之後，有著光榮的復活奧祕。

29　原文為 fylfot cross，fylfot 是四個相互交錯的 L 形符號，這個古老的符號在東西方，尤其宗教文化中相當盛行，通常帶有神聖、吉祥、幸運或保護之意，也常用來裝飾紋章、建築和藝術品。但萬字號被納粹德國挪用後，已被汙名化為極端主義的象徵。

✦ 13. ✦
死神

　　生命的面紗或面具，在改變、轉化和由低走向高的生命階段中得以延續，比起生硬的拿鐮刀收割的骷髏，修正版塔羅採用世界末日異象中的一幕，能更貼切地呈現這個概念。

　　背景是一整片靈魂死後揚升的世界。馬背上的神祕人物緩緩移動，手持一面黑色旗幟，上面印著象徵生命的神祕玫瑰[30]。

　　在地平線邊緣的兩根柱子之間，閃耀著不朽的太陽。

　　騎士並未攜帶明顯的武器，但國王、孩童和少女都在它面前倒下，而一位雙手合十的教長等待著他的終點。

　　應該無須再次指明，我在前一張牌提出關於死亡的暗示當然要從神祕學角度去理解，但在此例中並非如此。

　　人自然地過渡到存在的下一階段，可能是他進步的一種形式；但當他仍然在此生時，通往神祕的死亡狀態的入口既奇異又幾近未知，是一種意識形態的轉變和抵達某種狀態的通道，這種狀態下普通的死亡並非道路，也非大門。

　　現存關於第十三張牌的神祕學解釋，包括重生、創造、終點和汰舊換新等等，這些解讀整體而言都在水準之上。

30　原文為 Mystic Rose，是天主教傳統中對於聖母瑪利亞的敬稱之一。

　　一位有翼的天使，額頭上有太陽的標誌，胸前有組成7的正四邊形和三角形[31]。

　　我將祂描述成男性，但這個人物既非男性也非女性。

　　人們認為祂將生命的精華從一個聖杯倒入另一個聖杯中。祂一腳踏地，一腳踏水，這個畫面解釋了要素的本質。

　　一條道路筆直地通往地平線邊緣的高地，上方有一道巨大的光芒，當中隱約可見一頂皇冠。

　　這裡透露了一部分永生的祕密，當人成為精神的化身時是有可能的。

　　此處所有傳統象徵物都被捨棄了。因此也捨棄了傳統的意義，涉及季節的更迭、生命的永恆運動，甚至意念的結合。

　　此外，說這名人物象徵太陽之靈是錯誤的，儘管祂確實是比喻太陽的光芒，在人類三重性的第三個層次實現。

31　此處暗示了節制牌與煉金術的關係。正四邊形代表水、火、土、風（空氣），古希臘哲學家認為，這四種原始物質構成了世界，柏拉圖為「四元素說」定調。三角形代表煉金術三要素：鹽、水銀、硫，對照人的三重性：身體、心智精神、靈性；向上的紅色三角形也是煉金術裡火元素的象徵，呼應牌面中蘊含的地、水和風（羽毛）意象。4加3組成 7，對應煉金術達成「偉大功業」的七階段。煉金術師以煉出「賢者之石」為目標，這種傳說中的物質能將普通金屬變成黃金，還可讓人治百病、得永生。

　　這張牌被異想天開地稱為「節制」，因為當我們在意識中獲取節制的規則時，它會讓心靈和物質的本質得到調節[32]、化合，並臻於和諧。

　　在節制的規則下，我們理智的部分曉得我們自何處來，往哪裡去。

32　此處原文為 temper，冶金學中叫做回火（tempering），是一種讓金屬在加熱後冷卻以強化韌度與可塑性的技術。

✦ 15. ✦

惡魔

　　這張牌的設計是在第一部分提到的幾種動機之間取得中間值、和諧和變通。

　　曼底斯城崇拜的有角山羊[33]，有著像蝙蝠的翅膀，蹲踞在一座祭壇上。胃部凹陷處有水星的標誌[34]。它伸舉右手，與第五張牌教皇給出祝福相反[35]。左手拿著點燃的巨大火炬，倒過來朝向地面。額頭上有一個顛倒的五角星[36]。祭壇前方有一環，兩條從環延伸出去的鎖鍊掛在一男一女兩個人物的脖子上。這兩人類似第五張牌上的那兩人[37]，彷彿墮落後的亞當與夏娃。在此表示物質生活帶來的枷鎖和招致不幸

33　位於埃及北方的曼底斯城（Mendes）古名 Djedet，此地人們信仰遠古神祇 Banebdjedet，擁有四顆長角的公羊頭，乃生殖力之神。

34　繪製韋特牌的 Smith 並未畫出此描述。韋特的形容符合列維創造的巴弗滅形象，原本褲襠中間應有代表赫密士的雙蛇杖。赫密士對應羅馬神話裡的墨丘利（Mercury），因此是水星的象徵。

35　此處另有一細微變異：列維的巴弗滅右手比的手勢，和教皇牌中的基督手勢完全相同，甚至左手也比出同樣手勢，只是朝向地面，因此韋特才說李維嘲諷教皇。韋特版的惡魔改為伸直右手無名指與小指，《78度智慧》中也提及惡魔掌心有土星符號，代表限制、弱點與約束。

36　韋特也採納了列維的設計。根據列維在《撒旦聖經》的描述：「純粹的五角星代表人被五顆星點環繞的形象（三顆朝上，兩顆朝下），象徵人類的精神本質。撒旦教同樣採用五角星，但因撒旦教代表與精神本質相反的人類肉體本能，於是五角星被顛倒過來，完美地和羊頭結合。」

37　韋特此處是從 15 號惡魔牌的 5 號數字，對應到教皇。教皇下方也有著兩個人物，教皇的手勢與惡魔的手勢剛好相反。

的命運。

　　這兩人有尾巴，意味著動物的天性，但臉上有著人類的智慧，而那位高高在上的人不會永遠是他們的主人。即使是此刻，那位人物也是一個奴隸，靠內心的邪惡維生，對效忠的自由視若無睹。艾利馮斯・列維對他假意尊重並詮釋為大師之作的藝術，表現出比平常更多的嘲弄，斷言巴弗滅的形象代表神祕學和魔法。另一位評論家說，在神聖的世界它代表宿命，但在那個世界和下方的野獸之物沒有關聯。它真正代表的是，當那些吃了禁果的人被趕出神祕花園時，在花園外的門檻之魔[38]。

38　原文為 dweller of the threshold（亦稱 guardian of the threshold），最早出現於 1842 年英國神祕學小說家 Bulwer-Lytton 的《Zanoni》，後來盛行於神智學會。「門檻之魔」代表靈魂不同輪迴修煉過程會經歷的各種魔考關卡，韋特在此借用了門檻之魔的意象來說明惡魔牌對人造成的魔考。

✦ 16. ✦
塔

這張牌附帶的神祕學解釋極少，且多半令人頭昏腦脹。

提出這張牌各方面描繪得很少頗為偷懶，因為這在牌面早已顯而易見。也有人更進一步指出，這張牌含有第一個實體建築的典故，但我不認為比起我們在之前三張牌中見過的柱子[39]，這裡的塔更有可能是實體的建物。

我沒看到什麼證據能擔保帕浦斯的看法，他推論高塔照字面是指亞當的墮落，但更多證據支持他的另一種解釋，也就是它象徵了靈性語言的具象化。

書目學家保羅・克里斯汀認為它代表人類心智的墮落，試圖洞察上帝的奧祕。我更贊同大東方的觀點，它是人類之家的崩毀，當時邪惡盛行其中，最重要的是，它是教義之家的瓦解[40]。

不過，我知道這裡指的是謊言之家。它也以最詳盡的畫面說明了古老的真理：「如果不是耶和華建造房屋，建造的人就枉然勞力[41]」。

某種意義上，這個災難反映了前一張牌，但不是我試圖在當中表明的象徵方面。

39　此處指的是女祭司牌、教皇牌和正義牌上的柱子。
40　有些學者認為牌上的塔就是巴別塔，韋特認為是虛假教義之塔，是內在的隱喻，而不是某個實體建築。
41　出自《聖經・詩篇》127：1。

更準確地說，這是類比的問題：一張與淪落至物質和動物狀態有關，另一張暗指智識方面的毀滅。

有人將高塔說成是驕傲的懲罰，一說是智識份子試圖洞悉上帝之謎時一敗塗地；但這兩種解釋都無法說明那兩個活受罪的人是誰。

他們一個是字面上的話語變得虛無，另一個是話語從此被錯誤詮釋。在更深的層次上，高塔也可能象徵一個統治的終結，但在這裡不可能考慮這個錯綜複雜的問題。

✦ 17. ✦
星星

一顆碩大燦爛的八芒星，周圍環繞著七顆較小的星星，同樣有八道光芒。

前景中的女性人物全身赤裸。她左膝著地，右腳踩在水面上。

她從兩個大壺中倒出生命之水，灌溉海洋和陸地。她後面有一片隆起的高地，右邊有一棵灌木或樹，一隻鳥停在上頭。

這個人物展現了永恆的青春與美麗。

這顆星星是「燃燒之星[42]」，出現在共濟會使用的象徵中，但在共濟會裡含義被混淆了。

這名人物傳遞給現世的是穹蒼和元素的本質。據說這張牌真正的座右銘是「自由的生命之水」和「聖靈的恩賜」。

總結幾種俗麗的解釋，說明這是一張希望牌。在其他層面，已經認證這張牌是永生和內在的光明。對多數準備好的心智來說，這名人物會顯現揭曉的真相，在不朽的美麗中煥發榮光，將她無價財富的某些部分和數量傾注在靈魂之水中。實際上，她是卡巴拉Binah這個質點（Sephira）中的「神聖母親」，也就是超越世間的「理解」（understanding），她連結了底下的質點，某種程度它們會接收到她能量的注入。

....

42 原文為法文 l'étoile flamboyante（英譯 blazing star），在共濟會中有幾種象徵意義，一說是上帝對宇宙的干預，類似天意；一說是帶來生命的恆星太陽；一說是引導所有共濟會會員思想與行動的光。

✦ 18. ✦

月亮

　　這張牌與一些傳統形式的區別，在於月亮所謂慈悲的那面在增長，也就是各位看見的右半側。

　　它有十六條主要光芒和十六條次要光芒。

　　這張牌代表了想像所構成的生活，有別於靈性的生活。

　　雙塔間的道路是走入未知的難題。

　　當只有反射的月光引路時，狗和狼就是當下存在的心智油然而生的恐懼。

　　最後的參考是另一種象徵形式的關鍵。

　　智識之光是一種反射，在它以外的是無法揭示的未知之謎。

　　它照亮了我們的動物本性，有下列類型——狗、狼，以及從深處爬上來的東西，無以名狀又醜陋，比野蠻的獸類還低等。

　　它努力獲得顯化，從海底深淵爬行到陸地上象徵了這一點，但通常它會沉回來處。

　　心靈的面孔平靜地凝視著底下的騷動不安；思想的露珠落下；訊息是：

　　平靜，靜下心，那麼動物的本性或許就能得到安伏，而底下的深淵將不再成形。

◆ 19. ◆
太陽

　　騎在白馬上的赤裸小孩，揚著一面紅色旗幟，前面已經提過，這是這張牌更好的象徵。

　　它是來自東方超自然力量的天命，是引領一代代無盡人類偉大聖潔的光，它走出善感的生命所待的花園圍牆，繼續踏上返家的旅程。因此，這張牌象徵從現世的顯化之光（以地球上光輝的太陽為代表）過渡到來世之光，來世之光出現在成功之際，並以赤子之心作為代表。但最後一個典故再次成為不同形式或方面象徵的關鍵。

　　太陽是靈性裡的意識，是直射的光，是反射的智識之光的對立面。人物的特質類型變成心中的小孩，這個孩子天真無邪又有智慧。在天真中，他帶著自然和藝術的印記；在無邪中，他象徵著重生的世界。當原本的心智像破曉那般在意識裡感受到自我覺知的靈魂，這個更新的心智就會引導動物的本性達到完全一致的狀態。

✦ 20. ✦

審判

　　我說過這個象徵符號在所有塔羅牌中基本上都一樣，就算有所更動也不會改變它的特性。大天使被雲朵環繞，但祂吹響了插著旗幟的號角，旗幟上照例出現了十字架。死者從墳墓中復活，右邊是女人，左邊是男人，中間是他們的小孩，頭朝前方。但在這張牌中重生的不只三人，做出這個變更很值得，因為它說明了當前解釋的不足。要注意的是，所有人全體都表達出驚奇、崇拜和狂喜的姿態。這張牌記錄了從內心聽見並回應上天的召喚，完成了轉化的偉大功業。這裡暗示了某種重要性，在此無法更進一步說明。

　　那個在我們靈魂深處響起的號角是什麼，而我們本性中蟄伏的一切皆起而響應，幾乎就在一瞬間、一眨眼間，讓這張牌繼續為那些無法看得更遠的人描繪最後的審判和肉體的復活；但讓那些開啟內在心眼的人隨之觀看並覺察。他們會明白過去這張牌實際上被稱為永生牌，因此，審判牌可以與節制牌相提並論。

◆ 0. ◆
愚者

　　一個衣著華麗的年輕人，邁著輕盈的步伐，彷彿大地和其上的阻礙根本無法束縛他。他停在世界一處高聳的懸崖邊，憑眺面前蔚藍的遠方，是仰望一望無際的天空，而非俯視腳下的景象。儘管畫面上此刻他是靜止的，但仍展現出疾行的姿態。他的狗還在蹦蹦跳跳。

　　面對懸崖邊緣敞開的深處毫無一絲畏懼，彷彿萬一他從高處縱身一躍，天使正等著撐住他。他滿臉聰慧以及期盼的夢想。

　　他一手拿著一朵玫瑰，另一手拿著昂貴的權杖，枕在右肩的權杖上方掛著一個繡樣奇特的錢袋。在晨光中，在凜冽的空氣中，他是從另一個世界旅行到這個世界的王子。

　　在他身後照耀的太陽，知道他來自何方，去向何處，以及許多日子以後他將如何從另一條路歸來。他是尋求經驗的靈魂。

　　這張牌概括了許多神祕學研究的符號，在充足的憑證下，這張牌可說駁回了所有先前的混亂。

　　在大東方的《紙牌占卜手冊》中，他對神祕的愚者牌的功用提出一個希奇的建議，把它視為高階占卜過程中的一部分；不過，要實際操作可能需要非凡的才能。

　　讓我們看看這張牌如何根據通俗的算命技藝發展，對於有先見之明的人來說，它會是一個事實的佐證，非常明顯，

即大牌原本在塔羅牌這種心靈賭博的技藝中毫無一席之地，當時牌卡只是用來當作計分的籌碼跟神祕學的幌子。

然而，關於這種技藝在何種情勢下興起，我們所知甚少。

傳統的解釋認為愚者代表肉體、敏感的生命，並且出於一種古怪的諷刺，這張牌附屬的名字一度是煉金術士，將其描繪成最冥頑不靈的愚蠢。

+ 21. +

世界

　　由於這張大牌的最終訊息在設計上並未變更，實際上也不可能更動，因此關於它更深層的含義先前已敘述過一部分了。

　　它同時代表了宇宙的圓滿和終結，宇宙當中的祕密，以及大千世界在上帝裡明瞭自己時的狂喜。

　　更進一步來說，它還代表了擁有神聖視角意識的靈魂狀態，從自我覺知的靈魂反映出來。但這些含義不妨礙我提過關於物質層面的話。

　　這張牌在宏觀層面還帶有更多訊息，例如：它也代表了當顯化法則達到最高程度自然而然的圓滿時，那個重生的世界的狀態。但也許這尤其指過去的事，指涉的就是那一天，那一天一切都被宣告為美善，晨星一同歌唱，上帝諸子為之歡呼。

　　關於它最糟的解釋之一是，這個形象象徵魔法師達到最巔峰的程度；另一個解釋說它代表了「絕對」，這很荒謬。

　　有人稱這個形象代表真理，然而這更適用於第十七張星星牌。最後，這張牌也被稱為魔法師的冠冕。

第三章

關鍵要點的結論

　　在先前的列表中，我無意呈現所謂三重世界中的象徵意義，也就是神聖世界、宏觀世界和微觀世界。細說這些本末需要一本龐大的著作。人在有限的物質生命裡追尋永恆的事物，我將牌卡放在與這樣的人更直接相關的更高層面解讀。

　　《紙牌占卜手冊》的編纂者將其分成三大類：人性審慎之世界[1]，嚴格來說和占卜沒有區別；遵從之世界[2]，也就是虔誠信仰的生活；以及成就造詣之世界[3]，意即「靈魂對其探索目標的進展」。根據這些劃分，他還提供了使用牌卡諮詢的三個過程供讀者參考。我沒有這樣的過程可以提供，因

1　原文為 World of Human Prudence，也就是人類思維、智慧和判斷能力的領域。建議占卜者可詢問物質層面的問題，像是事業、財富、婚姻、搬家等人生狀況題。

2　原文為 World of Conformity，指的是社會和文化中的規範、慣例和傳統。建議占卜者詢問關於宗教信仰、教義相關的問題。

3　原文為 World of Attainment，指個人成就、目標實現和精神成長的領域。建議占卜者詢問關於靈性追求的問題。

為我認為透過個人對每一張大牌的反思或許能收穫更多。我也沒有採用當前盛行的將牌卡歸因於希伯來字母的做法：首先，因為這在初級手冊中沒有意義；其次，幾乎每個歸因都是錯的；最後，我並未試圖糾正牌卡彼此的位置關係，因此0號牌出現在20號牌之後；但我有確保將世界（或宇宙）牌編號為21。無論應該放在哪裡，0都是一張沒有編號的牌。

作為這部分的結論，我將進一步解釋愚者牌，它是所有象徵符號中最富表達力的。愚者牌代表了外在的旅程，初始能量流溢的狀態，以及聖靈的恩典與被動性。他的錢袋上刻著模糊的記號，說明靈魂裡儲存著許多潛意識的記憶。

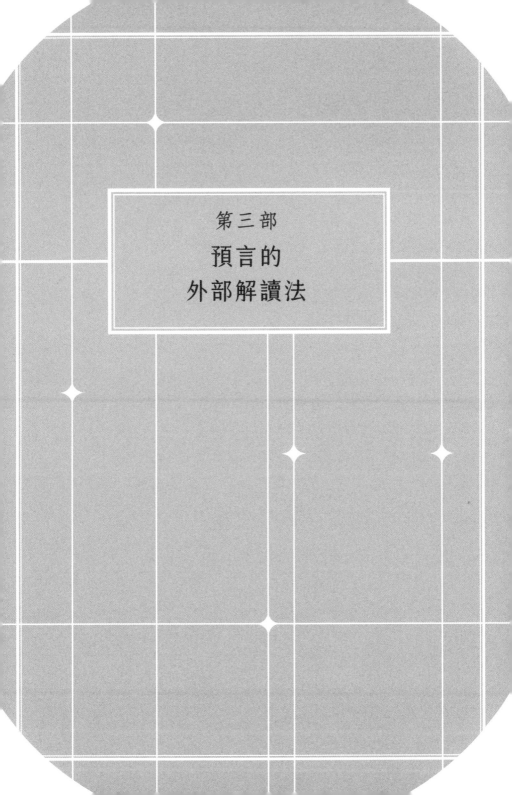

第三部
預言的
外部解讀法

第一章

大祕儀與
小祕儀的差異

　　就通常呈現的方式而言，大祕儀牌組與小祕儀牌組中間的橋梁由宮廷牌組成——國王、女王、騎士以及侍從或侍者；而它們和大牌之間的顯著區別，則體現在它們傳統的角色上。讓讀者將它們和像是愚者、女祭司、教皇等象徵符號比較，或是和先前序列中（幾乎無一例外）任何一張牌比較，讀者就能看出我的意思。一般宮廷牌在牌面上無關特殊含義；它們只是約定俗成的橋樑，讓牌組從代替計數工具的大牌，過渡到後面代替十進制數字的小牌。我們似乎已經完全脫離由生動圖像說明更高深含義的領域；然而，曾經有一段時間數字牌也是圖像，但這樣的設計只是特定藝術家的零星創作，要嘛是典型或寓言式的傳統設計，與我們理解的象徵主義不同，要嘛是——能說嗎？——關於禮儀、習俗和時代的插圖。簡而言之，它們只是裝飾品，因此並未將小祕儀牌的重要性提升到大牌的層次。而且，這類變化非常少

見。儘管如此，關於小祕儀牌中有更高深含義的傳聞仍然存在，但迄今為止，即使在最神祕學圈子的審慎範圍內，也無人透露過什麼。的確，這些小祕儀牌有一些具占卜價值的變化版，但據我所知，它們在實際應用上也沒有提供更好的結果。像帕浦斯在《波希米亞塔羅牌》所做的努力實在勞苦且值得讚許；特別是他辨識出大牌內在的神聖元素，並且嘗試在一長串小祕儀數字牌裡繼續跟上腳步，好像這些小祕儀牌是算命世界過濾後的恩典世界；但他只是提出了一個無法進一步推展的牽強分類方案，最終不得不訴諸一般占卜方案，作為小祕儀牌存在價值的替代品。

此刻，我實際上的處境相同；但我在此不會像他和其他人那樣，試圖借助數字的神祕屬性來挽救局勢。我當下便意識到大牌屬於哲學的神聖事務，其後的一切則屬於占卜，因為小祕儀牌從未被翻譯成其他語言；採取如此做法將使占卜（必要的話甚至賭博）變成屬於特定技巧世界的事物，自成一家，和那些屬於另一種秩序的事物分開。在當前這個主題的隨意介紹中，只需要補充一點，五十六張小祕儀牌與普通撲克牌不僅在本質上差異很細微，因為將紅心替換成聖杯諸如此類只是一種偶然的變異，而且在四個花色裡出現的騎士牌一度是許多普通牌組的共同特徵，不過當時騎士這個人物通常會取代女王。

　　這本手冊呈現的修正版塔羅牌中，所有小祕儀牌的數字牌（除了王牌）都配有數字或圖案，以說明相關（但不至於讓人筋疲力盡）的占卜含義。

　　一些具有超越普通常理的反思和明辨能力的人（我不是在說靈視能力），可能會注意到在許多小祕儀牌中，透過牌面設計傳遞的模糊暗示，似乎超出了所述的占卜價值。為了避免誤解我明確指出，除非極少數情況（而且只是偶然），不該將這些變化視為暗示了更高深且超凡的象徵意義。

　　我說過這些小祕儀牌尚未翻譯為超越占卜的語言，我確實不應該傾向於認為它們以現存的形式屬於另一種領域；但根據這門藝術的假設，占卜的可能性是無窮無盡的，而紙牌占卜合併的系統，只表明了這些使用中的象徵附帶的基本意義。

　　當這些圖案超出傳統含義時，應該將它們視為暗示著同一條路線可能的發展；這也是為什麼四組十進制裡，宮廷牌蘊含的圖像設計會對直覺有極大幫助。僅靠數字的力量和詞藻空洞的意義本身是不夠的；而這些圖案就像一扇門，通往意想不到的房間，也像是在寬廣的大馬路轉了彎，眼前一片開闊。

第二章

小祕儀，
塔羅四大花色牌組

現在將根據牌卡所屬的各個類別，透過圖像加以描述，並提供各種來源牌義的統整。

權杖牌組

權杖國王

　　這張牌代表的外貌和情感特質是深膚色、熱心、身段柔軟、生氣勃勃、慷慨激昂、尊貴。國王手持一根開花的權杖，並像另外三個花色中的國王一樣，皇冠底下戴著一頂象徵地位的禮帽。他和獅子的象徵符號有關，寶座背後裝飾了獅子圖騰。

占卜牌義：深膚色男性，友善、鄉下人，通常已婚，誠實且耿介認真。這張牌總是代表誠實，並且可能意味不久後會有意外遺產的消息傳來。

逆位：好人，但嚴厲；嚴肅，但寬容。

權杖女王

權杖牌組中的權杖一直都萌發綠葉，因為這是一個洋溢生命和活力的牌組。在情感或其他方面，女王的個性都跟國王符合，但磁場更吸引人。

占卜牌義：深膚色女性，鄉下女子、友善、貞潔、充滿愛心、高尚。若她旁邊的牌代表一位男性，那麼她對他有好感；若是女性，那麼她對問卜者有興趣。同時也代表愛財，或事業有成。

逆位：好人、節省、樂於助人、可用之人。在某些位置和鄰近牌卡指向類似方向時，也可能表示對立、嫉妒，甚至欺騙和不忠。

權杖騎士

他看似在旅途中，手持一根短杖，雖然身著鎧甲但並非出征。他行經土丘或金字塔。馬的動作是騎士性格的關鍵，暗示著操之過急的心情或相關事物。

占卜牌義：離開、缺席、逃亡、移民。深膚色的年輕人、友善、改變居住地。

逆位：決裂、分歧、中斷、不和。

權杖侍者

　　和前一張牌類似的場
景，一名站姿的年輕人正發
表宣言。他不為人知但忠
誠，帶來奇特的音信。

占卜牌義：深膚色的年輕
人，忠誠、情人、信使、郵
差。若旁邊有男性牌，他會
做出對該男性有利的證詞。
若後面出現聖杯侍者，他是
危險的競爭對手。在他的牌
組中有領袖特質。可能是家
族的智力代表。

逆位：軼事、公告、壞消息。也代表猶豫不決和伴隨的反覆
不定。

權杖10

　　一名男子被他背負的十根木杖壓得喘不過氣。

占卜牌義：這張牌具有多重意義，有些解讀彼此失調。我排除這張牌攸關榮譽和誠信。主要的牌義單純是指壓迫，但也是財富、收穫、任何形式的成功以及這些事物帶來的壓迫。這張牌也關於虛偽、偽裝、背信忘義。這個人攜帶的木杖可能會危及他接近的地方。若後面出現寶劍九，成功會受阻，若問題有關訴訟，官司會有損失。

逆位：矛盾對立、困難、陰謀詭計，以此類推。

權杖9

　　這個人倚在木杖上，面帶期待，彷彿在等敵人到來。他背後有八根豎立、排列整齊的木杖，就像一道柵欄。

占卜牌義：這張牌象徵對抗的力量。若遇襲則勇猛迎擊；他的體格顯示他可能是一位難以對付的敵手。此為主牌義，還有其他可能的附加意義，如延遲、暫停、延期。

逆位：障礙、逆境、災難。

權杖8

　　這張牌呈現在恆定不動背景裡的變動，一把飛行的權杖越過開闊的田野，朝目的地前進。它們代表事物即將到來，甚至可能就在門檻。

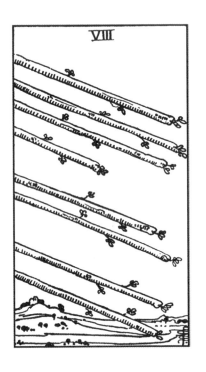

占卜牌義： 正從事的活動、活動的路徑、迅速敏捷，如同快遞員；非常急促、充滿希望，朝保證幸福的終點飛速前進；通常是指進行中的事物；同時也是愛之箭。

逆位： 嫉妒之箭、內部糾紛、良心不安、爭吵；還有已婚人士的家庭糾紛。

權杖7

　　一名年輕男子在崎嶇的高地上揮舞一根木杖，另外有六根木杖從底下朝他舉起。

占卜牌義：這是一張勇氣牌，因為表面上是六個攻擊一個，但這個人物其實占據優勢。在智力方面，它意味著討論、冗長的爭吵；在商業中，代表談判、貿易戰、以物易物、競爭。另外這也是一張成功牌，因為這名鬥士位處上方，敵人可能無法接近他。

逆位：困惑、尷尬、焦慮；也謹防猶豫不決。

權杖6

馬背上的人物頭戴桂冠，手持一根飾有桂冠的木杖；他身旁是手持木杖的僕役。

占卜牌義：這張牌設計成能涵蓋多重含義。表面上是凱旋的勝利者，但也代表重大消息，像是國王的信使會莊重攜來的那種；它是加諸渴望的期待、是希望的皇冠等等。

逆位：擔憂、恐懼，如同打贏的敵人就在門口；背叛、不忠，如同向敵人敞開城門；也是不知會拖多久的延遲。

權杖5

一群揮舞著木杖的年輕人，彷彿在運動或打架。這是模擬的戰爭。

占卜牌義：模仿，例如：戰鬥演習，但也指為了追逐財富的激烈競爭與爭鬥。就此意義來說，這張牌與生存之戰有關。因此有些人把這張牌歸為金錢、收穫和富裕。

逆位：訴訟、糾紛、陰謀詭計、矛盾對立。

權杖4

在前景中的四根大木杖懸掛著一個大花環；兩名女性舉起花束；她們身旁是一座跨越護城河的橋，通往古老的莊園。

占卜牌義：幾乎就是牌面上的意思，鄉村生活、避風港，一種家常的豐收家園，安枕無憂、和睦、和諧、繁榮、平靜，以及上述的圓滿成果。

逆位：意義不變；繁榮、增長、幸福、美好、錦上添花。

權杖3

　　一位冷靜莊嚴的人物，背對我們，站在懸崖邊看著海上經過的船隻。三根木杖插在地上，他輕輕倚著其中一根。

占卜牌義：他象徵穩固的力量、事業、努力、貿易、商業、探索；那些是他的船，載著他的貨物在海上航行。這張牌也表示商業上能夠合作，彷彿成功的商人王子從他那邊看向你，希望助你一臂之力。

逆位：困擾告終，暫時脫離或逐漸終結逆境、辛勞和失望。

權杖2

一名高大的男子在有城垛的屋頂上眺望海岸；他右手拿著地球儀，左手的木杖放在城垛上；另一根木杖固定在環裡。可以注意到左側的玫瑰、十字架和百合。

占卜牌義：在二選一的解讀中，沒有兩全其美的可能性；一方面是金錢、財富、富麗堂皇；另一方面是身體的痛苦、疾病、懊惱、悲傷、屈辱。牌面的設計給了一個暗示，這是一位俯瞰領地的領主，同時難以取捨地對著地球儀沉思；看起來像是亞歷山大大帝在身處顯赫的財富世界中，所面臨的疾病、屈辱與悲傷。

逆位：驚訝、詫異、著迷、情緒、困擾、恐懼。

權杖王牌

一隻從雲中伸出的手抓住一根粗壯的權杖或木棒。

占卜牌義：創造、發明、事業，導致這些的力量；原則、開端、源頭；出生、家庭、起源，某種程度代表這些背後的陽性力量；事業伊始；根據另一個說法，也代表金錢、財富、遺產。

逆位：墮落、頹廢、滅亡、消亡；同時也是烏雲籠罩的喜悅。

聖杯牌組

聖杯國王

他左手拿著一根短權杖，右手端著巨大的聖杯。他的寶座位於海上；一側漂著一艘船，一側有隻跳躍的海豚。不言而喻聖杯的象徵自然與水有關，每張宮廷牌中都有水的意象。

占卜牌義：淺膚色男性，商人、律師或神職人員；有責任感，樂意協助問卜者；也指公平、藝術與科學，包括從事科學、法律及藝術的人；聰慧具創造力。

逆位：不誠實、雙面人；無賴、勒索、不公不義、罪惡、醜聞、洗劫、可觀的損失。

聖杯女王

美麗、白皙、夢幻——
如同在聖杯中看見幻象的
人。然而，這只是她的某一
面；她觀看，但也行動，她
的作為滋養了她的夢想。

占卜牌義：善良、淺膚色女
性；誠實、熱誠的女性，願
意為問卜者效勞；聰慧有愛
心，因此擁有先見之明的天
賦；成功、幸福、快樂；以
及智慧、美德；完美的配偶
和好母親。

逆位：詮釋各異；善良的女性；或是傑出的女性但不可信
任；邪惡墮落的女性；罪惡、恥辱、道德淪喪。

聖杯騎士

優雅、但不好戰；靜靜騎馬前行，戴著一頂有翼的頭盔，意指想像力這份天賜恩典有時正是這張牌的特色。他也是一位夢想家，但偏重感覺的意象在他視野中縈繞不去。

占卜牌義：抵達、接近——有時是指一位信使；進展、提議、風度、邀請、煽動。

逆位：陰謀詭計、欺瞞背叛、城府、敲詐、表裡不一、詐騙。

聖杯侍者

一個好看、討人喜歡，有點陰柔的年輕侍者，一副專注好學的神情，凝視著一條從聖杯中躍起端詳他的魚。這是心靈具象化的圖像。

PAGE of CUPS.

占卜牌義：一位受驅使而效勞的淺膚色年輕男性，會和問卜者建立關係；好學的青年；消息、訊息、申請、反思、冥想；這些也指向商業。

逆位：品味、意向、依戀、誘惑、欺騙、欺瞞背叛。

聖杯10

一道彩虹中出現了聖杯，下方有一對男女，顯然是夫妻，驚嘆陶醉地注視著彩虹。他右臂摟著她，高舉左手；她高舉右手。在他們身旁跳舞的兩個孩子沒看到這個奇景，自顧自地玩得不亦樂乎。遠方有一處家園。

占卜牌義：心滿意足，心安神泰；圓滿的狀態；也是人類愛與友情的圓滿；若一起出現幾張宮廷牌，代表某位人士正維護問卜者的利益；也可能指問卜者居住的城鎮、村莊或國家。

逆位：虛情假意、憤慨、暴力。

聖杯9

　　一位壯碩的人物已盡情享用盛宴，身後的拱形櫃檯上方擺滿豐盛的美酒，彷彿預示著前程似錦。畫面只呈現出物質的一面，但還有其他層面。

占卜牌義：和睦、滿足、身體的康樂幸福；也代表勝利、成功、優勢；問卜者或詢問對象的滿足。

逆位：真相、忠誠、自由；各種解讀不盡相同且包括錯誤、不完善之處。

聖杯8

一位垂頭喪氣的男人背棄了他的聖杯，杯子代表他的幸福、事業、任務或先前關心的事情。

占卜牌義： 牌義在畫面上已不言而喻，但其他的解讀卻南轅北轍——說這張牌帶來喜悅、溫和、膽怯、榮譽、謙遜。在實例中，通常會發現這張牌呈現某件事在走下坡，或是原以為重要的事情其實影響微乎其微，無論是好是壞。

逆位： 大喜、快樂、盛宴。

聖杯7

　　幻相裡的奇異聖杯，這些意象尤其來自於奇幻的靈界。

占卜牌義：仙子的恩惠、投射的意象、多愁善感、想像、冥想時杯中所見之物；在這些程度略有成就，但並未暗示永久或實質性的東西。

逆位：欲望、意志、決心、計畫。

聖杯6

一座古老花園中的孩子們，杯裡裝滿花朵。

占卜牌義：一張關於過去和回憶的牌，回顧往昔，例如：童年、快樂、歡喜，但來自過去；已消逝的事物。另一種解讀則相反，指帶來新關係、新知識、新環境，而孩子們在陌生的院落裡嬉戲。

逆位：未來、汰舊換新，即將發生的事物。

聖杯5

一位披著斗篷的黑色身影，側身看著三只倒地的杯子，另外兩只直立的杯子在他身後。背景中有一座橋，通往一個小要塞或領地。

占卜牌義：這是一張損失牌，但仍然有些留了下來；三個被拿走，剩下兩個；這張牌代表繼承、遺產、傳承，但與期望不符；也有人詮釋這是婚姻牌，但不乏苦澀或挫折。

逆位：消息、聯盟、情投意合、血緣、世系、回歸、虛假的計畫。

聖杯4

一名年輕人坐在樹下，凝視著放在面前草地上的三只杯子；一隻從雲中伸出的手遞給他另一只杯子，儘管如此，他的神情流露出對環境的不滿。

占卜牌義：疲倦、厭惡、反感，想像出來的煩惱，彷彿這個世界的酒只帶來厭膩；另一杯酒彷彿仙子的恩賜，現在遞給了這個浪費的人，但他並未從中獲得安慰。這張牌也表達混和的享樂。

逆位：新奇、預兆、新指引、新關係。

聖杯3

少女們在花園裡舉杯，彷彿在敬酒結盟。

占卜牌義：任何事情的結果都是充裕、圓滿和歡樂；開心的發表、勝利、實現後的滿足、安慰、療癒。

逆位：遠征、派遣、成就、結束。這張牌也代表過度享受身體和感官歡愉的一面。

聖杯2

一名少男正和少女海誓山盟，他們的杯子上方升起赫密士的雙蛇杖，巨大的雙翼間出現一顆獅子的頭。這張牌變更了在一些舊例裡發現的象徵。它附帶了一些奇特的象徵意義，但在此與我們無關。

占卜牌義：愛、激情、友誼、情投意合、結合、和睦、同情、兩性彼此之間平等互惠的關係，以及（作為所有占卜服務之外的建議）不屬於自然的欲望，但自然藉此獲得聖潔。[1]

1　編注：原作中韋特沒有提到聖杯2的逆位。

聖杯王牌

　　下方有水，水上有睡
蓮；從雲中伸出的手，掌中
托著一只聖杯，溢出四道水
流[2]；一隻白鴿嘴中銜著有十
字標記的聖餐麵餅，飛落將
麵餅放入杯中；水珠自四面
八方落下。這是小祕儀牌背
後可能存在的暗示。

占卜牌義：真誠之心的家，
喜悅、怡然自得、棲身之
所、滋養、豐盛、生育力；
聖餐禮的桌子，此處的幸
福。

逆位：虛假之心的家、突變、不穩定、革命。

2　此處原文是 four streams，但牌面畫有五道水流；不知是原文印刷錯
　　誤或史密斯的插圖因故與韋特所述不符，或是韋特刻意為之，有興趣
　　的讀者可自行「參話頭」。

寶劍牌組

寶劍國王

他坐在審判席上，舉著出鞘的花色象徵。當然，他令人想起大牌中正義牌的象徵符號，他可能代表這種美德，但更多的是因職位獲得判生判死的權力。

占卜牌義：一切源於審判及與其相關的概念，包括權力、命令、權威、戰鬥智慧、法律、王室職務等等。

逆位：殘酷、反常、野蠻、背信忘義、邪惡的意圖。

KING of SWORDS.

寶劍女王

她的右手豎起武器，劍柄放在王座扶手上，她伸出左手，抬起手臂，神情嚴肅但克制；這暗示了她對憂傷的熟悉。這不代表仁慈，儘管她有寶劍，但她幾乎不算是權力的象徵。

占卜牌義：守寡、女性的悲傷與困窘、缺席、不孕、哀悼、匱乏、分離。

逆位：惡意、偏執、詭計、偽善、煎熬、欺騙。

寶劍騎士

他全速馳騁，彷彿在驅散敵人。在設計上他確實是浪漫騎士精神的英雄原型。他幾乎能成為加拉哈德[3]，他的劍鋒利明快，因為他心地純潔。

KNIGHT of SWORDS.

占卜牌義：技巧、勇敢、才能、防禦、機敏、敵意、憤怒、戰爭、破壞、對抗、反抗、毀滅。因此，某種意義上這張牌代表死亡，但只有在與其他死亡牌相鄰時才有此意。

逆位：輕率、無能、奢侈。

3　加拉哈德（Galahad）是亞瑟王傳說中圓桌騎士蘭斯洛特（Lancelot）與漁人公主的私生子，是聖杯三騎士之一，最終由他尋得了聖杯。

寶劍侍者

一個靈活的身影，雙手直握長劍，步履輕快。他正穿越崎嶇的土地，路上濃雲密布。他機警靈活，東張西望，彷彿意料之中的敵人隨時可能出現。

占卜牌義：權威、監督、祕密服務、警覺、暗中偵查、審查以及相關的特質。

逆位：這些特質的邪惡面；意料之外、毫無準備的狀態；也暗示了疾病。

寶劍10

　　一個俯臥倒地的身影，被所有屬於這張牌的劍刺穿。

占卜牌義：牌面設計隱含的一切；也代表痛苦、苦惱、淚水、悲傷、淒涼。並未特別指因外力死亡。

逆位：優勢、利潤、成功、恩惠，但上述皆不永久；權力與權威。

寶劍9

　　一個在臥榻上慟哭的女人，劍懸掛在她頭頂上。她表現得像是世上沒有悲傷能比擬她的悲傷。這是一張徹底絕望的牌。

占卜牌義：死亡、失敗、流產、延誤、欺瞞、失望、絕望。

逆位：囚禁、猜疑、懷疑、合理的恐懼、羞恥。

寶劍8

　　一位被綑綁蒙住眼的女
子，身邊圍繞著牌上的劍。
然而這更像一張暫時的困境
牌，而非無法掙脫的束縛。

占卜牌義：壞消息、強烈的
惱恨、危機、譴責、受妨害
的權力、衝突、誣衊；同時
也代表疾病。

逆位：不安、困難、反抗、
意外、背叛；意料之外的
事；死亡。

寶劍7

一個正飛快帶走五把劍的男子，另外兩把劍仍插在地上。附近有一個營地。

占卜牌義：計畫、企圖、願望、希望、信心；同時也代表爭吵、可能失敗的計畫、煩心事。牌面設計的意義並不明確，因為各種含義彼此大相逕庭。

逆位：好建議、忠告、指示、誹謗、喋喋不休。

寶劍6

一位擺渡人撐著篙帶乘客抵達遠方的岸邊。航程平順，可見貨物很輕。可說是一份力所能及的工作。

占卜牌義：走水路的旅程、路線、道路、使節、委託、權宜之計。

逆位：宣告、懺悔自白、公開；某個說法認為這是愛的求婚。

寶劍5

　　一名男子輕蔑地看著兩個正在撤退且垂頭喪氣的人，他們的劍躺在地上，他左肩扛著另外兩把劍，右手拿著第三把，劍尖朝向地面。他是占據領地的主人。

占卜牌義：貶低、破壞、撤銷、聲名狼藉、不名譽、損失，以及這些的變化和類似意義。

逆位：同上；喪禮和葬儀。

寶劍4

　　一位騎士的塑像以祈禱的姿勢躺平在陵墓上。

占卜牌義：警覺、隱退、孤獨、隱士的安息、流放、墳墓和棺材。最後幾項促成了牌面的設計。

逆位：明智的管理、慎重、節約、貪婪、謹慎預防、遺囑。

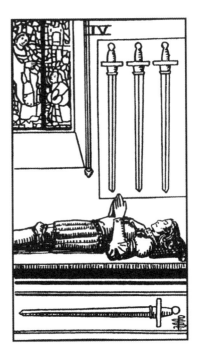

寶劍3

　　三劍刺心；背後是雲和雨。

占卜牌義：移除、缺席、延誤、分裂、破裂、分散，以及牌面自然意味的一切，簡單明瞭無需具體列舉。

逆位：精神錯亂、錯誤、損失、分心、混亂、困惑。

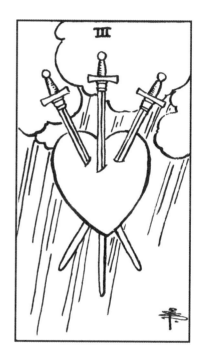

寶劍2

　　一位蒙眼的女性人物在
肩上平衡著兩把劍。

占卜牌義：遵從一致和平衡
均勢，暗示在勇氣、友誼、
武裝狀態下的和睦；另一種
解讀表示溫柔，情感和親
密。必須有條件地考慮關於
和諧的暗示和其他標榜的解
讀，因為寶劍牌在人類事務
裡通常不是仁慈勢力的象
徵。

逆位：冒名行騙、謬誤、表
裡不一、不忠。

寶劍王牌

　　雲中伸出一隻手，緊握一把劍，劍尖被一頂王冠環繞。

占卜牌義：勝利、一切事物的極端、征服、力量的勝利。這是一張勢力強大的牌，無論是愛還是恨。王冠可能具有比通常在占卜領域裡更高深的意義。

逆位：同上，但結局是場災難；另一種解釋提到受孕、分娩、擴增、多重性。

錢幣牌組

錢幣國王

這個人物無需特別描述，臉色較深，暗示了勇氣，但有幾分無精打采。我們應該注意寶座上反覆出現公牛頭的標誌。這個花色的象徵符號向來一直是刻製或繪製的五角星，代表人類本質中四種元素的對應關係，以及它們能被掌控的方式。許多舊版塔羅牌中，這個牌組的花色代表流通中的硬幣、錢幣、但尼爾。我並沒有發明五角星的替代品，也沒有特殊理由替代方案。但占卜意義的共識是做一些更動，因為這些牌並不特別用來處理金錢問題。

占卜牌義：英勇、具實現力的智力、商業和正常智力才能，有時是數學天賦和成就；這些領域的成功。

逆位：罪惡、軟弱、醜陋、乖張、腐敗、危害

錢幣女王

　　這張臉讓人聯想到膚色較深的女性，她的特質或許可總結為靈魂的偉大；她還擁有嚴肅的智慧特質；她凝視著她的象徵符號，可能在當中看到了世界。

占卜牌義：富饒、慷慨、華麗、安全感、自由。

逆位：邪惡、懷疑、掛慮、恐懼、不信任。

錢幣騎士

　　他騎著一匹行動緩慢，耐久且笨重的馬，與他的外觀相符。他展示出自己的象徵符號，但沒有凝視其中。

占卜牌義：實用、效用、利益、責任、正直（在普通和外在層面）。

逆位：惰性、懶散、休憩、拖延；以及平穩安寧、灰心喪氣、粗心大意。

錢幣侍者

一位年輕人正專注地看著舉起的雙手間浮起的五角星幣，他動作緩慢，對周遭事物不太敏感。

占卜牌義：應用、研究、學術、反思；另一種解讀是新聞、訊息和傳遞者；也代表統治、管理。

逆位：揮霍無度、鋪張浪費、慷慨大方、奢華；不利的消息。

錢幣10

一男一女站在一座通往房屋和莊園的拱門下。身邊帶著一個孩子，好奇地看著兩隻狗熱絡地靠近前景中坐著的老人；孩子的手放在其中一隻狗身上。

占卜牌義：收穫、財富；家庭事務、檔案、世系、家族住所。

逆位：機會、死亡、損失、搶劫、博弈[4]；偶爾指禮物、嫁妝、養老金。

4　原文為 games of hazard，是英國一種以兩顆骰子進行的賭博遊戲。14世紀喬叟在《坎特伯里故事集》中曾提及這個遊戲、在 17、18 世紀相當盛行。

錢幣9

一位女性，手腕上有一隻鳥，站在一座莊園的花園裡，周圍是蓊鬱的葡萄藤。這是一片廣闊的領地，暗示著豐足的一切。這可能是她自己的財產，證明她物質上的幸福安樂。

占卜牌義：審慎、安全、成功、成就、確信、洞察力。

逆位：流氓、欺騙、無效的計畫、不誠懇。

錢幣8

　　一名石匠正在工作，將作品像獎盃一樣展示出來。

占卜牌義：工作、就業、佣金、工藝、工藝和商業技巧，可能處在準備階段。

逆位：無用的野心、虛榮、貪婪、勒索、高利貸。也可能指擁有技能，將聰明才智轉向奸詐狡猾和陰謀詭計上。

錢幣7

一位年輕男子倚在木棍上，專注地看著右邊一叢綠葉間的七枚五角星幣；可以說這些是他的財寶，也是他心之所向。

占卜牌義：種種意義非常矛盾；總體來說這是一張與金錢、商業、以物易物有關的牌；但某一種解讀指口角、爭論；另一種解讀則指純真、心靈手巧、淨化。

逆位：和金錢有關導致的焦慮，可能有人提議借款。

錢幣6

　　一位扮成商人的人用一只天平稱錢，將錢分給需要幫助和拮据的人。這證明了他本身生活的成功，也表明了他的善心。

占卜牌義：禮品、禮物、心滿意足；另一種說法是注意、警覺、現在是接受的時刻、目前的繁榮等等。

逆位：欲望、貪婪、羨慕、嫉妒、幻覺。

錢幣5

兩名行乞者[5]在暴風雪中經過一扇燈火通明的窗戶。

占卜牌義：這張牌預示了物質的困難，無論是插圖中呈現的赤貧或其他形式。對某些占卜師來說，這是一張愛情與情人的牌，可能是妻子、丈夫、朋友、情婦；也指和諧一致、親密關係。這些不同解釋難以統整。

逆位：失序、混亂、毀滅、不和睦、揮霍。

5　原文為 mendicant，可以看見左邊男子胸前掛有鈴鐺、拄著拐杖，可能是行乞的痲瘋病人，右邊是衣著破爛的窮婦，兩人行經教堂外。Mendicant 也指基督教中的托缽修士，以化緣維生，信奉苦行主義。

錢幣4

一位戴著皇冠的人物，皇冠上有一枚五角星幣，雙臂緊抱另一枚；腳下踩著兩枚五角星幣。他堅守自己擁有的東西。

占卜牌義：財產的保證、固守自己的所有物、禮物、遺產、繼承。

逆位：掛慮、延遲、反對。

錢幣3

一位在修道院工作的雕塑師。請對照錢幣8的牌面設計。當中的學徒或業餘者已經得到回報，正認真工作。

占卜牌義：合適的職業、貿易、熟練的勞工；然而通常會被視為是貴族、貴族階級、名聲、榮耀的牌。

逆位：工作或其他方面的平庸、幼稚、小氣、軟弱。

錢幣2

　　一位正在跳舞的年輕人，兩手各執一個五角星幣，被一條沒有盡頭的繩索連結在一起，像是倒過來的數字8。

占卜牌義：一方面呈現為歡樂、娛樂相關的牌，也是牌面設計的主題；但同時也被解讀為新聞和書面訊息，以及障礙、躁動、麻煩、捲入糾紛。

逆位：強迫的歡樂、假裝的享受、字面意義、書寫、作文、交換信件。

錢幣王牌

一隻手一如既往從雲中伸出,拿著一枚五角星幣。

占卜牌義:圓滿知足、幸福、狂喜;也表示敏捷的智力;黃金。

逆位:財富的邪惡面,智力不佳;也代表巨大的財富。無論如何都代表了繁榮、舒適的物質條件;但這對持有財富的人是否有利,取決於牌是否逆位。

第三章

大祕儀牌
及其占卜牌義

　　以上就是小祕儀牌關於占卜技藝的暗示，其真實性似乎取決於挑選出一個有助於概略陳述的意義。根據假設，占卜的紀錄就是過去基於經驗的結果紀錄；因此，它們是記憶的指南，那些能夠掌握元素的人，或許（依然是根據假設）能給出基本的詮釋。這是一種正式且自動的運作方式。另一方面，那些擁有直覺、第二視覺、靈視（要怎麼稱呼都可以）天賦的人，會用自己能力所發現的事物去補充過去的經驗，並且藉由神諭牌卡談論他們所見到的。接下來我們繼續簡要介紹同樣技藝賦予大牌的占卜意義。

1. 魔法師
　　技巧、外交、談吐、機敏；疾病、痛苦、損失、災難、敵人的陷阱；自信、意志；若問卜者為男性、代表他自己。
　　逆位：醫生、魔法師、精神疾病、恥辱、不安。

2. 女祭司

祕密、奧祕、尚未揭曉的未來；若問卜者為男性，代表他感興趣的女性；若問卜者為女性，代表她自己；沉默、堅韌、奧祕、智慧、科學。

逆位：激情、道德或肉體的熱情、自負、表面知識。

3. 女皇

成果豐碩、行動、主動性、長壽；未知、偷偷摸摸；也指困難、懷疑、無知。

逆位：光明、真相、解開複雜的問題、眾人歡欣之事；根據另一種解讀，表示躊躇不決。

4. 皇帝

穩定、權力、保護、實現；偉大的人物；援助、理性、信念；同時指權威和意志。

逆位：仁慈、同情、信用；也表示使敵人感到困惑、阻撓、不成熟。

5. 教皇

婚姻、結盟、囚禁束縛、奴役；另一種說法是憐憫和善良；靈感；問卜者求助的對象。

逆位：社會、善解人意、和睦、爛好人、軟弱。

6. 戀人

吸引力、愛情、美麗、克服考驗。

逆位：失敗、愚蠢的計畫。另一種說法是婚姻受挫和各種矛盾對立。

7. 戰車

援助、天意、戰爭、勝利、放肆、報復、麻煩。

逆位：暴動、爭吵、糾紛、訴訟、落敗。

8. 力量（剛毅）

力量、活力、行動、勇氣、寬宏大量；也指取得圓滿的成功和榮譽。

逆位：專制、濫權、軟弱、不和諧，有時甚至是恥辱。

9. 隱士

審慎、謹慎；尤其指謀反、假惺惺、無賴、腐敗。

逆位：隱瞞、掩飾、政策、恐懼、不合理的戒備。

10. 命運之輪

命運、財富、成功、晉升、運氣、幸福。

逆位：增加、豐盛、過剩。

11. 正義

公平、正義、廉潔、執法；應得的一方在法律上獲得勝利。

逆位：各種法律領域、法律糾紛、偏執、偏見、過度嚴厲。

12. 吊人

智慧、謹慎、洞察力、考驗、犧牲、直覺、占卜、預言。

逆位：自私、群眾、政治團體。

13. 死神

結束、死亡、毀滅、腐敗；對男性來說指失去一位貴人；對女性來說指眾多矛盾對立；對少女來說指婚姻大事的失敗。

逆位：惰性、睡眠、無精打采、被驚嚇而石化、夢遊；希望破滅。

14. 節制

節省、適度、節儉、管理、調解。

逆位：與教會、宗教、教派、神職人員有關的事，有時甚至是要跟問卜者結婚的牧師；也指分裂、不幸的結合、相互競爭的利益。

15. 惡魔

蹂躪、暴力、激憤、非比尋常的努力、勢力、宿命；命中注定但不一定是邪惡的事物。

逆位：邪惡的宿命、軟弱、小氣、盲目。

16. 塔

痛苦、悲楚、窮困、逆境、災難、恥辱、欺騙、毀滅。這張牌尤其代表無法預料的浩劫。

逆位：根據某種說法，指程度較輕的壓迫、囚禁、暴政。

17. 星星

損失、偷竊、匱乏、遺棄；另一種解讀是希望和光明的前景。

逆位：狂妄自大、桀驁不遜、無能。

18. 月亮

隱藏的敵人、危險、誹謗、黑暗、恐懼、欺騙、神祕力量、錯誤。

逆位：不穩定、反覆無常、沉默、程度較輕微的欺騙和錯誤。

19. 太陽

物質上的幸福、幸福的婚姻、心滿意足。

逆位：與上述相同但較輕微。

20. 審判

地位改變、更新、結果。另一種說法表示訴訟造成的全部損失。

逆位：軟弱、怯懦、單純；也指審議、決定、判決。

0. 愚者

愚蠢、狂熱、鋪張浪費、陶醉、神智不清、發狂、背叛。

逆位：疏忽、缺席、分配、粗心、冷漠、無效、虛榮。

21. 世界

擔保會成功、報償、旅程、路線、移民、飛行、改變地點。

逆位：惰性、固定、停滯、永久。

可以看出，除非牌面意義傳達了不可抗拒的暗示，占卜技藝從大牌當下提取出的意義，在我看來極度人為且武斷。一種是光的奧祕，一種是幻想的奧祕。將算命這一面套到這些牌卡上，是經年累月魯莽不宜的舉措。

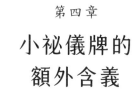

第四章

小祕儀牌的
額外含義

權杖牌組

國王：通常是有利的，可能預示良好的婚姻。逆位：應該遵循的建議。

女王：豐收，可能有多重含義。逆位：對問卜者的善意，但沒有機會實現。

騎士：壞牌；根據某些解讀指疏遠。逆位：對女性來說指婚姻，但可能受挫。

侍者：家族中的年輕男子，追求年輕女性。逆位：壞消息。

　　10：若旁邊是好牌，表示困難和矛盾。

　　9：通常是壞牌。

　　8：已婚人士的家庭糾紛。

　　7：膚色深的孩子。

　　6：僕人可能會失去主人的信任；年輕女士可能被朋友背

叛。逆位：實現被延遲的希望。

　　5：金融投機行為取得成功。逆位：爭吵可能轉變成優勢。

　　4：意外的好運。逆位：已婚女性會生出漂亮的孩子。

　　3：非常好的牌；合作將利於事業。

　　2：年輕女士可能會遇到些微的失望。

　　王牌：各種災難。逆位：生育的象徵。

聖杯牌組

　　國王：提防某個有地位的人的惡意，以及虛情假意的幫忙。逆位：損失。

　　女王：有時代表個性模稜兩可的女性。逆位：男方婚姻富貴，女方婚姻顯赫。

　　騎士：朋友來訪，替問卜者帶來意外之財。逆位：不合常規。

　　侍者：好兆頭；也指戀情不順的年輕男子。逆位：各種阻礙。

　　10：對男性問卜者來說，一段超乎預期的美好婚姻。逆位：悲傷，也指嚴重的爭吵。

　　9：對軍人來說是好兆頭。逆位：生意興隆。

　　8：與美麗的女性結婚。逆位：心滿意足。

7：皮膚白的孩子；想法、計畫、決心、進展。逆位：如果伴隨聖杯三，則表示成功。

6：愉快的回憶。逆位：迅速來臨的繼承。

5：通常是有利的；幸福的婚姻；也指祖產、遺澤、禮物、事業成功。逆位：許久未見的親戚歸來。

4：矛盾對立。逆位：不祥的預感。

3：對軍人來說是意外的晉升。逆位：安慰、治療、結束生意。

2：在娛樂、生意和愛情方面有利；還有財富和榮譽。逆位：激情。

王牌：不屈不撓的意志、金科玉律。逆位：意外的地位變動。

寶劍牌組

國王：律師、參議員、醫生。逆位：壞人；也是結束毀滅性訴訟的警告。

女王：寡婦。逆位：壞女人，對問卜者懷有惡意。

騎士：士兵、武裝人員、隨從、受薪階級；預示士兵將會有英勇的行動。逆位：跟草包爭論；對女人來說，與其鬥爭的對手會被征服。

侍者：某個輕率的人將窺探問卜者的祕密。逆位：驚人

的消息。

10：若後牌是王牌或國王，代表囚禁；對女孩或妻子來說，代表朋友的背叛。逆位：士兵在戰爭中獲得勝利和隨之而來的財富。

9：神職人員、神父；通常是不祥之兆。逆位：合理懷疑一位可疑之人。

8：對女性來說，關於她的醜聞被散播。逆位：一位親戚離開。

7：膚色較深的女孩；一張好牌；承諾在確保收入充足後可過上田園生活。逆位：良好的建議，可能被忽視了。

6：會有愉快的旅程。逆位：訴訟不利。

5：對問卜者命運的一擊。逆位：悲傷和哀悼的徵兆。

4：一張壞牌，但若是逆位，透過明智的管理事務則成功可期。逆位：明智的管理將帶來某種成功。

3：對女性來說，愛人的離去。逆位：問卜者與達成妥協的人見面；也指修女。

2：送給女性的禮物，對尋求幫助的男性提供有力的保護。逆位：和無賴打交道。

王牌：巨大的繁榮或巨大的苦難。逆位：女性由於自己的輕率而婚姻破滅。

錢幣牌組

國王：膚色較深的男性、商人、主人、教授。逆位：年老惡毒的人。

女王：膚色較深的女性；來自富有親戚的禮物；對年輕人來說富裕幸福的婚姻。逆位：疾病。

騎士：有用的人、有用的發現。逆位：失業的勇者。

侍者：深膚色的青年、年輕軍官或士兵、一個孩子。逆位：有時指降級，有時指掠奪。

10：代表房屋或住所，從其他牌中得出其價值。逆位：可能是幸運或不幸的場合。

9：迅速實現相鄰的牌所預示的事物。逆位：徒勞的希望。

8：與問卜者有關係的年輕商人、深膚色的女孩。逆位：問卜者將在借貸問題上妥協。

7：一位女士未來丈夫的地位獲得改善。逆位：不耐煩，擔憂，疑心。

6：現況靠不住。逆位：檢驗問卜者的野心。

5：以理性征服財富。逆位：愛情的困擾。

4：對單身漢來說，來自一位女士的愉快消息。逆位：觀察，阻礙。

3：若是男性，表示他的長子將出名。逆位：取決於相鄰的牌。

2：困擾多半出於想像而非真實。逆位：不祥之兆，無知，不公不義。

王牌：所有牌卡中最有利的。逆位：分得一份發現的寶藏。

　　以上可以觀察到：（一）這些額外含義與他們涉及的牌面設計幾乎毫無關聯，因為這些設計對應更重要的思辨價值；（二）此外，這些額外含義往往跟之前給出的含義分歧。所有的含義大多彼此獨立，並且根據它們在牌陣中的位置，大多會被減弱、強調或修改，有時甚至近乎相反。對這類情況幾乎沒有任何評判的準則。我想，隨著任何體系從通則落實到細節，就比例而言自然會變得更加隨機不定；在職業算命的紀錄中，提供的多半是這個主題的渣滓和糟粕。同時，基於直覺和第二視覺的占卜幾無實用價值，除非這些占卜能從普遍領域落實到具體領域；當個別情況中出現這種天賦，那麼過去紙牌占卜師記錄的具體含義將會被忽視不計，以支持對牌卡價值的個人理解。

　　這已經提過了。看來需要補充以下的推測解讀。

第五章

發牌時
重複出現的牌

自然的位置

正位	四張	三張	二張
國王	偉大榮譽	協商	次要商議
女王	激烈辯論	被女性欺騙	真誠的朋友
騎士	重要事務	熱烈辯論	親密關係
侍者	危險疾病	爭執	擔憂
十號牌	譴責	新狀況	變化
九號牌	一位好友	成功	收據
八號牌	反轉	婚姻	新知識
七號牌	陰謀	體弱多病	消息
六號牌	豐盛	成功	易怒
五號牌	規律	決心	警戒
四號牌	近在眼前的旅行	反思的主題	失眠
三號牌	進展	團結	冷靜
二號牌	爭論	安全	一致
王牌	有利的機會	小成功	詭計

逆位	四張	三張	二張
國王	敏捷	商業	項目
女王	壞夥伴	暴飲暴食	工作
騎士	聯盟	決鬥，或個人衝突	易感
侍者	貧困	懶散	社會
十號牌	正在發生的事件	失望	合理的期望
九號牌	高利貸	輕率	小利潤
八號牌	錯誤	奇觀	不幸
七號牌	爭吵者	歡樂	名聲不佳的女性
六號牌	關心	滿足	垮台
五號牌	命令	猶豫	反轉
四號牌	出外散步	擔憂	爭執
三號牌	非常成功	寧靜	安全
二號牌	和解	憂鬱	不信任
王牌	恥辱	放蕩	敵人

第六章

塔羅占卜的技藝

　　我們現在進入本主題最後的實踐部分，也就是透過塔羅牌詢問和獲得神諭的方法。操作方式相當多樣，其中一些非常複雜。後者我略過不提，因為精通這類問題的人相信大道至簡。我也略過最近在《波希米亞人的塔羅》一書中的「塔羅占卜」的章節裡重新發表的操作方法；對於希望深入研究超出本手冊有限範圍的讀者，該書價值合宜可供推薦。首先，我提供一個簡短的占卜步驟，在英格蘭、蘇格蘭及愛爾蘭已私下使用了許多年。我不認為有人發表過，當然更不可能跟塔羅牌扯上關係。我相信它一體適用，但我會補充第二種變化方式，是過去在法國被稱為茱莉亞・奧爾西尼的神諭占卜法。

第七章

古老的凱爾特占卜法

　　這種占卜方式最適合獲得明確問題的答案。占卜者首先選擇一張牌來代表所詢問的人或事。這張牌叫做「指示牌」。如果他想探悉與自己有關的事情，可選擇符合他個人描述的牌。如果要詢問的對象是一個四十歲或以上的男性，可選擇騎士牌作為指示牌，低於四十歲的男性則應該選國王牌；四十歲以上的女性選擇女王牌，年齡較小的女性則選侍者牌。

　　權杖牌組中的四張宮廷牌代表長相好看的人，有著金黃或紅褐色頭髮，淺膚色和藍眼睛。聖杯牌組中的宮廷牌義味著有淺棕或暗栗色頭髮，灰或藍色眼睛的人。寶劍牌組中的宮廷牌象徵的是有淡褐或灰色眼睛，深棕髮色和膚色較暗的人。最後，錢幣牌組中的宮廷牌指的是髮色深黑棕色或黑色，深色眼睛和膚色蠟黃或黝黑的人。然而，這些分法會被以下保留條件影響，以避免在使用上過於墨守成規。有時你可以根據一個人的已知氣質來引導你；一個非常黝黑的人可

能非常有活力，用寶劍牌組人物代表會比錢幣牌組更合適。另一方面，一個懶散慵懶的淺膚色對象，則應該用聖杯牌組人物而非權杖牌組代表。

為了占卜之目的，將詢問之事作為指示牌更方便，那麼則應選擇符合該事意義的大牌或小牌。假設問題是：是否有必要提起訴訟？在這種情況下，選擇第11號大牌（正義牌）作為指示牌。這張牌和法律事務有關。但若問題是：我能勝訴嗎？必須選擇其中一張宮廷牌作為指示牌。隨後可以進行一連串占卜，來確定過程本身以及有關各方面的結果。

選定指示牌後，正面朝上擺桌上。洗牌並切牌三次，保持牌面朝下。

翻開牌堆頂部或**第一張牌**；用它覆蓋主要牌，說出：「這張牌蓋住它。」這張牌代表詢問者或事件大致上的影響因素，以及問題當中其他趨勢形成的氛圍。

翻開**第二張牌**橫放在第一張牌上，說出：「這張牌橫擋它。」這張牌顯示事件中障礙的性質。如果這是一張有利的牌，對立的力量不會太嚴重，或者可能表示某些好事不會在特定關係中獲得好結果。

翻開**第三張牌**，放在指示牌上方，說出：「這張牌加冕它。」這張牌代表（一）問卜者對此事的目標或理想；

（二）當前情況下能實現的最佳結果，但尚未成真。

　　翻開**第四張牌**，放在指示牌下方，說出：「這張牌在它底下。」這張牌顯示了事情的基礎或根據，是既成事實並且內化為對指示牌的影響。

　　翻開**第五張牌**，放在指示牌上人物視線的相反方向，說出：「這張牌在它背後。」這張牌給出的是剛剛過去或正在消逝的影響。

　　注意：若指示牌是一張大牌或任何無法說清楚是面向哪一方的小牌，占卜者必須在開始操作牌陣之前，決定要將哪邊視作人物朝向的方向。

　　翻開**第六張牌**，放在指示牌朝向的那側，說出：「這張牌在它前方。」這張牌顯示了正在發揮並會在不久的將來產生作用的影響。

　　現在這些牌排列成十字的形狀，被第一張牌覆蓋的指示牌在正中間。

　　接下來，依次翻開四張牌，在十字右側依次擺放成一行。

　　其中的第一張，也就是牌陣中的**第七張牌**，代表指示牌本身，無論是人或事件，並且表明了它在環境中的位置或態度。

　　第八張牌代表他的家庭，也就是他所處的環境以及正在影響該事件的傾向。例如：他在生活中的地位、身邊親近朋

友的影響等等。

　　第九張牌呈現他對此事的希望或恐懼。

　　第十張牌是即將到來的最終結果，是由占卜中其他翻開的牌顯示的影響力帶來的最終高潮。

　　在這張牌上，占卜者應該特別集中他的直覺力，以及他記憶中這張牌所屬的正式占卜含義。這些應該要包含你從桌上其他牌占卜出來的任何信息，包括指示牌本身及相關的東西；如果指示牌恰好是大牌，作為傳遞神諭也就是要解讀的牌卡，不排除可能會出現更高意義的光芒，就像從天而落的閃閃靈光。

　　牌陣已經完成，但如果最後一張牌性質含糊不清，最後無法決定牌義為何，或是似乎無法顯示事情的最終結論，最好再操作一次牌陣。在這種情況下，將第十張牌作為指示牌，取代之前用的那張。這副牌必須再次洗牌並切牌三次，和之前一樣排出前十張牌。由此可以獲得「將發生的事情」更詳細的說明。在任何占卜中，如果第十張牌是宮廷牌，則表示占卜事宜最終會落入該張牌所代表的人手中，結果主要取決於此人。在這種情況下，將提及的宮廷牌在新牌陣裡用做指示牌也會有幫助，可察覺他對此事的影響以及他將帶來的議題。

　　這種方法在相對短的時間內可獲良好成效，前提是操作

者的天賦，也就是他潛在或已開發的洞察力，這種洞察力具有不受干擾的特殊優勢。我在此附上此占卜模式牌卡排列圖表，指示牌朝向左邊。

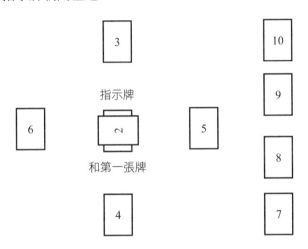

指示牌

1是蓋住它的牌。

2是橫擋它的牌。

3是加冕它的牌。

4是在它下方的牌。

5是在它後方的牌。

6是在它前方的牌。

7是它自己。

8是它的環境。

9是它的希望或恐懼。

10是將發生的事情。

第八章

另一種
塔羅解讀法

洗亂整副牌並翻轉一部分的牌,使其上下顛倒。

讓問卜者用左手切牌。

將前四十二張牌發牌成六疊,每疊有七張牌,正面朝上。第一疊七張牌構成第一組,接下來的七張牌構成第二組,以此類推,如下圖所示:

第 6 疊	第 5 疊	第 4 疊	第 3 疊	第 2 疊	第 1 疊

拿起第一組牌;將牌在桌上從右到左排成一列,將第二組牌放在上面,再依序放剩下的牌組。這樣你將得到七組新的牌,每組有六張牌,排列如下:

第 7 組	第 6 組	第 5 組	第 4 組	第 3 組	第 2 組	第 1 組

　　拿起每組牌最上面的那一張，洗牌後從右到左排列，排成一個有七張牌的橫列。

　　然後從每組牌中取出兩張牌，洗牌後，在第一列下方排成兩列。

　　再拿起剩下的二十一張牌，洗牌後，在其他牌底下排成三列。

　　這樣你將得到六個牌列，每一列有七張牌，按照以下方式排列：

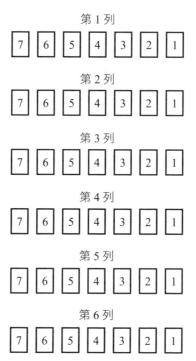

在此方法中，問卜者若是男性則以魔法師牌代表，若是女性則以女祭司牌代表。但無論哪種情況，在按照上述指示將四十二張牌排好之前，都不會從牌堆中將魔法師或女祭司牌取出。若桌上的牌中找不到這兩張，必須在尚未發牌的三十六張餘牌裡尋找，並放在第一列右邊稍遠的位置。反之，若這兩張牌在桌上的牌裡也要取出，按上述規定擺好，然後從三十六張未發的餘牌中，隨意抽出一張牌填補空缺，所以仍然有四十二張牌在桌上。

接著依序從右到左解讀牌卡，從最上方第一列最右邊的一號牌讀起，最後一張是最底部那一列最左邊的七號牌。

這種方法適用於沒有明確問題的時候，也就是說，問卜者想大致了解自己生活和命運的發展方向。如果他想知道在特定時間內可能發生的事情，在洗牌之前應該要明確指定時間。

在進一步解牌時，須記住牌卡應該要相對於主題進行詮釋，這表示牌卡所有正式和傳統的含義可以、且應該因事制宜，以和所討論的特定個案的情況互相協調，像是問卜者或是想詢問之人的地位、生命階段和性別。

因此，愚者牌可能表示從單純興奮到瘋狂之間的整個心理階段範圍，但每次占卜必須透過考慮牌卡整體走向來判斷特定的階段，在這方面，直覺自然發揮重要的作用。

　　開始解牌時，最好快速瀏覽一遍牌卡，讓頭腦對主題也就是運勢走向得到大概的印象，然後再重新開始，逐一詳細解讀。

　　要記得，根據塔羅的假設，大牌代表著比小牌更強大、更有說服力的力量。

　　直覺和靈視能力的價值在占卜中實乃理所當然。占卜者身上自然具有或後天養成這些能力，牌卡偶然的排列連結了占卜者的心智和占卜主題的氛圍，然後剩下的就簡單了。直覺出錯或不存在時，必須竭盡全力運用注意力、智力觀察和推理，才能獲得滿意的結果。但即使直覺看似休眠，也可以透過練習占卜的過程來培養。若對某張牌在特定關聯中的確切含義有疑問，精通此道者建議占卜者將手放在牌卡上，盡量不去想它應該代表什麼，並留意心智中浮現的印象。一開始可能只是單純亂猜，可能事後證明不正確，但透過練習，是有可能區分小我頭腦的猜測和心智浮現的潛意識印象。

　　這不在我的職權範圍內，我無法就這個主題提供理論或實用建議，因為我並未參與其中。以下附注由一位大師提供，如果歐洲所有紙牌占卜師都能用一雙手洗牌並靠一種語言占卜，他比所有人加起來更具發言資格。

練習占卜注意事項

1. 開始操作前，明確構思你的問題，並大聲重複。

2. 洗牌時盡可能讓心思保持空白。

3. 盡可能拋開個人偏見和先入為主的想法，否則你的判斷力會受到影響。

4. 出於這個原因，比起為自己或朋友，為陌生人占卜更容易得到正確結果。

第九章

使用三十五張牌的
解讀法

　　根據上一種方法提出的方案，當解牌完，可能會像之前出現仍然有疑慮的情況，或者希望進一步追問，可照此進行：

　　拿出在四十二張牌的牌陣中，沒用到未發出的餘牌。剛才使用的四十二張牌堆成一疊放在旁邊且面朝上，代表問卜者的那張牌放在最上面。剩下的三十五張牌跟之前一樣洗牌和切牌，再如下分成六疊：

　　第一疊包含前七張牌；第二疊包含接下來的六張牌；第三疊包含接下來的五張牌；第四疊包含接下來的四張牌；第五疊包含兩張牌；第六疊包含最後的十一張牌。屆時牌卡會排成這樣：

第 6 疊	第 5 疊	第 4 疊	第 3 疊	第 2 疊	第 1 疊
11 張牌	2 張牌	4 張牌	5 張牌	6 張牌	7 張牌

　　依次拿起這些牌堆，將它們包含的牌分成六列，這六列的長度必然不等。

　　第一列代表家庭、環境等。

　　第二列代表占卜的對象或主題。

　　第三列代表當下外在的事物，如事件、人物等。

　　第四列代表驚喜、意外等。

　　第五列代表安慰，可以緩和前幾列中不利的事物。

　　第六列是為了闡明其他列的謎樣神諭必須參考的內容，除此以外，這一列並不重要。

　　這些牌應該從最上面那一列，由左到右依次解讀。

　　關於占卜這部分結論要說明的是，塔羅牌的解讀法也適用於一般撲克牌，但額外的宮廷牌，尤其是大牌，則增加了神諭的要素和價值。

　　現在，為整件事做總結，我最後留下幾句話，猶如以此為跋，一個更進一步且最終的觀點。由此觀之，我認為大牌包含祕密教義的理解。在此我並非指我熟悉的那些安藏這些教義的修會和兄弟會團體，這些地方是更高層次塔羅知識的一部分。我不是指這些妥善保存和傳承的教義能獨立嵌入建構成大牌，也不是指教義和塔羅無關。確實存在一些協會具有這兩種特殊知識，有些知識從塔羅推論出來，有些則和塔羅無關；無論哪種情況，都系出同源。但也有一些保留的事物不屬於修會或社會，而是以其他方式傳遞。撇開所有這一類的傳承，讓任何一位神祕主義者單獨或綜合研究魔法師、愚者、女祭司、教皇、女皇、皇帝、吊人和塔牌，然後再讓他研究名為最後審判的牌。這些牌蘊藏了靈魂的傳奇故事，其他大牌則是細節，有人可能會說，是一種偶然的意外。也許像這樣的神祕主義者會開始理解這些象徵符號深處隱含了什麼，無論是誰先發明它們以及如何保存下來。若他當真理解了，他也會明白為何我會關心這個主題，即使要冒著寫紙牌占卜的風險。

韋特塔羅圖像解讀祕鑰
韋特親撰，揭露百年來的塔羅神祕學起源
The Pictorial Key to the Tarot

作　　　者	亞瑟・愛德華・韋特 (A. E. Waite)
繪　　　者	潘蜜拉・柯曼・史密斯 (Pamela Colman Smith)
譯　　　者	林侑青
封 面 設 計	莊謹銘
內 頁 排 版	高巧怡
行 銷 企 劃	蕭浩仰、江紫涓
行 銷 統 籌	駱漢琦
業 務 發 行	邱紹溢
營 運 顧 問	郭其彬
協 力 編 輯	石曉蓉
副 總 編 輯	劉文琪

出　　　版	地平線文化／漫遊者文化事業股份有限公司
地　　　址	台北市103大同區重慶北路二段88號2樓之6
電　　　話	(02) 2715-2022
傳　　　真	(02) 2715-2021
服 務 信 箱	service@azothbooks.com
網 路 書 店	www.azothbooks.com
臉　　　書	www.facebook.com/azothbooks.read

發　　　行	大雁出版基地
地　　　址	新北市231新店區北新路三段207-3號5樓
電　　　話	(02) 8913-1005
訂 單 傳 真	(02) 8913-1056
初 版 一 刷	2024年4月
定　　　價	台幣380元

ISBN　978-626-98213-3-4

國家圖書館出版品預行編目 (CIP) 資料

韋特塔羅圖像解讀祕鑰：韋特親撰，揭露百
年來的塔羅神祕學起源 / 亞瑟. 愛德華. 韋特
(A.E. Waite) 著；林侑青譯. -- 初版. -- 臺北市
: 地平線文化, 漫遊者文化事業股份有限公司
出版；新北市 : 大雁文化事業股份有限公司發
行, 2024.04
　　面；　公分
譯自：The pictorial key to the tarot.
ISBN 978-626-98213-3-4(平裝)
1.CST: 占卜
292.96　　　　　　　　　　　　113004358

漫遊，一種新的路上觀察學
www.azothbooks.com
漫遊者文化

大人的素養課，通往自由學習之路
www.ontheroad.today
遍路文化・線上課程